碧巌の笑

木村太邦

春秋社

碧巌の炎

目次

碧巌の炎

不二の法門に入る——第八四則「維摩不二法門」

【垂示】垂示に云く、「是《ぜ》」と道《い》うも是《ぜ》の是《ぜ》とすべき無く、「非」と言うも非の非とすべき無し。是非已《すで》に去り、得失両《ふた》つながら忘るれば、浄躶躶《じょうらら》、赤灑灑《しゃくしゃしゃ》。且《さ》て道、面前背後、是《こ》れ箇《こ》の什麽《なん》ぞ。或は箇の衲僧《のうそう》の出で来たる有りて道《い》わん、「面前は是れ仏殿三門、背後は是れ寝堂方丈《しんどう》」と。且《さ》て道、此の人還《は》た眼を具する也《や》無。若《も》し此の人を辨得せば、你に許《ゆる》む親しく古人に見《まみ》え来たれりと。

【本則】挙《こ》す。維摩詰《ゆいまきつ》、文殊師利《もんじゅしり》に問う、「何等《いかなる》か是れ菩薩《ぼさつ》、不二《ふに》の法門《ほうもん》に入るとは」。文殊曰《いわ》く、「我が意の如きは、一切の法に於て、無言無説、無示無識、諸《もろもろ》の問答を離る。是《これ》を不二の法門に入ると為す」。是《ここ》に於て文殊師利、維摩詰に問う、「我等《われら》各自《おのおの》説き已《おわ》る。

仁者当《なんじまさ》に説くべし、何等《いかなる》か是れ菩薩、不二の法門に入るとは」と。雪竇云く、「維摩は什麽《なん》と道《い》いしぞ」。復た云く、「勘破了《みぬきおお》せり」。

【頌】咄《とつ》、這《こ》の維摩老、生《しゅじょう》を悲《あわれ》んで空《むな》しく懊悩《おうのう》す。疾《やまい》に毘耶離《びやり》に臥《ふ》し、全身太《はなは》だ枯槁《やつれ》たり。七仏の祖師来たる、一室且《まず》は頻りに掃《はら》う。不二の門を請問《しんもん》せられ、当時《そのとき》便ち靠倒《よりたお》さる。靠倒《よりたお》されず。金毛の獅子討ぬるに処無し。

是と非と

まず垂示を読んでいきましょう。どう解釈するか難しいのは、出だしのところですね。「垂示に云く、是《ぜ》と道《い》うも是《ぜ》の是《ぜ》とすべき無く、非と言うも非の非とすべき無し」。前後二句に分かれているので、どちらかが訳せればよいですね。「是《ぜ》と道《い》うも是《ぜ》の是《ぜ》とすべき無く」をどのように訳せば全体に続いていくか。この部分は注記にも何も書いていないですね。是非というのは、「是非お願いします」などと普段よく使いますが、「是《ぜ》と道《い》うも是《ぜ》の是《ぜ》とすべき無く」を素直に読めば、是などないのだ、と言うことになりますね。「非と言うも非の非とすべき無し」。非はそうではないという否定の言葉ですが、非という言葉も、当然これが非なのだと決めつけることができるものは何もないのだ、という感じになるでしょうか。

そうしますと、どこに問題があるかというと、是と非を二つ並べるところだと思います。それと同時に、問題を解消する視点もそこから自然と生まれてくるはずです。私たちがそう創られているのですが、生まれて来たては無心そのものですね。自分というものがありませんから、何にでもなりきっていけるのですが、だんだん成長するにしたがって、是と非、あれかこれか、という対立の世界に自然と染まってしまうわけですね。それは一面では悪いことではありませんが、もう一面、問題がそこから生まれてくることになります。「是非已《すで》に去り」。短所である是非という対立概念がなくなってしまう。「得失両《ふた》つながら忘るれば」。それを両方共に忘れることができたら、という感じですね。その世界が「浄《じょう》躶躶《らら》、赤灑灑《しゃくしゃしゃ》」という世界なのだと圜悟禅師は言っています。これは趙州和尚の無の世界ですね。何もない世界。ここで趙州和尚の無が生きて働くのです。

「且道《さて》、面前背後」。私たちの目の前にあるもの、そして、対立関係にある背後にあるもの。「是れ箇《こ》の什麼《なん》ぞ」。ここにあるものはいったい何なのか。対立観念、対立概念に私たちは染まっている。その対立観念こそが問題だと氣づき、忘れることができるのが大事だ。

そしてそこで、趙州無字の世界と出会うことが大事なのだ。そうしておいて、「且道《さて》」、少し工夫しておくれ。あなたの目の前にも後方にも何かあるではないか。そのあるものは、いったい何なのか、というのですね。

私たちの立場は機関、この現実です。この現実に何もないわけではなく、目の前にも何かあるし、後ろにも何かある。山が前にあり、後ろに海が満々と水をたたえている。これは何か。

そうして、次は具体的に圜悟禅師が示しています。言い方を変えています。「或は箇《ひとり》の衲僧《のうそう》の出で来たる有りて道《い》わん」。一人の破れ衣を着た坊さんがやってきて、言ったとしよう。「面前は是れ仏殿三門、背後は是れ寝堂《しんどう》方丈と」。目の前にあるのは仏殿三門、後ろにあるのは寝堂方丈と言ったとする。「且道《さて》、此の人還《は》た眼を具する也無《や》」。こう答えた人はどうか。眼を具している人かどうか。

「若《も》し此の人を辨得せば」。もしこの人が眼を具しているかどうか、はっきりとさせることができたならば、「你に許《みと》む親しく古人に見《まみ》え来たれりと」。あなたに認めましょう。「古人」――これは不二の法門を説いた維摩居士を指しているのでしょう。いろんな取り方はあると思いますが。維摩居士に親しくどこかでお会いできたと。ということは、どこかで維摩居士の境涯を我がものとできたお方だと、あなたを認めよう、ということになるでしょうか。

まあ、このように訳しましたけれど、何が何やらわからないのではないでしょうか。そこでちょっと、余計なことを差し込んで、改めてここを工夫してみていただきたいと思います。

たとえば、今のところに伝統的な解釈の一つをあげてみます。山田無文老師は次のように訳しています。「是と言っても非があるから是なので、非と言っても是があるから非なのである。すべてこの世の中は対立の世界だ。一つだけだったら、是もなければ非もない。大きいといえば小さいものに対して大きいのだ。小さいといえば、大きいものがあるから小さいのだ。一つきりなら大きいとも言えんし小さいとも言えん。是と言っても是と決まったものは何もない。非と言っても非と決まったものは何もない。そういう対立を離れたところが、趙州の無というところである」。

どうして趙州の無が出てくるかというと、次に圜悟禅師が「浄裸裸《じょうらら》、赤灑灑《しゃくしゃしゃ》」という世界を持ち出していますから、それに合わせて趙州無字を持ち出しているのだと思います。

例を挙げてみますと、一つは「生」。もう一つは「滅」。これは対立概念ですね。ところが、ここの上に「不」をつけると、どうでしょうか。「不生」「不滅」になります。生ではない、滅ではない、それではいったい何なのでしょう。頭に「不」をつけると同じになってしまうのですね。

心経でいう「不生不滅」はそういう意味だと思います。ここが不二の法門の勘所です。生と滅は正反対ですが、不の一字をかぶせると、全く同じになるのです。絶対のものに化してしまうのですね。絶対ですから、二つとない。だから同じものと言えるのです。そこに不二の法門の秘密があると思います。そして不二の法門がとても大事な捉え方だとして、古来尊ばれてきた理由もここにあるのです。

「この理、人人これあり」

ここで少し脇道に逸れます。第八三則でやった言葉で、非常にややこしい言葉がありましたね。だから仏法は近づきにくいと言われるようなその言葉を、もう一度のぞいてみましょう。

大燈国師が花園上皇に問うた言葉です。「億劫《おくごう》相別れて而も須臾《しゅゆ》も離れず」。これが上の句です。「劫」は時間も空間も途方もなく遠く広いこと。ですから「億劫」は永遠に隔たる時間と空間です。時代も場所も全く違うところを生きているというのですね。そういうお二人が、しかも「須臾も離れず」、これっぽっちも離れていない。

下の句はそれと反対です。「尽日《じんじつ》相対して而も刹那も対せず」。尽日ですから、一日中対面している。相い対していながら、刹那、非常に短い時間も相い対していない。だから、仏教は近寄りがたいと言われるのですが、そうとばかりも言っていられません。なぜなら、この後の言葉があるからです。

大燈国師は「この理、人人《にんにん》これあり」と言っています。これがあるから、この言葉はわけがわからないから放っておこう、というわけにはいかないのです。なぜなら、大燈国師ほどのお人が、上にあげたこの理は、人間誰もが持っているというからです。我々一人一人の事柄なのです。なんとかしてその真意を掴まなくてはならない、となってくるわけです。

そして、このややこしい言葉の肝心要のところを取り出しますと、「相別れて離れず」「相対して対せず」。こういう理を私たち一人一人が持っているということです。

九州の長崎、五島列島の平戸に、雄香寺というお寺があります。盤珪禅師が創られたお寺なのですが、その本堂に「不生」の額がかかっているのです。一方、開山堂、ご開山をお祀りしている建物には、なんという額が掲げてあるか。平戸の殿様が開基ですが、そこに掲げてある額には「不滅」とあるのです。一見相い反するようですが、反しないのですね。なぜなら不生と不滅は同じだからです。そうやって一見、見た字は違いますが、不滅という額が一層、不生という額を際立たせるのですね。そして不生という額が、不滅ということを照らし出す。そういう作用を互いにしているのだと思います。

ですから、不生と不滅について尋ねられたら、我々はどうやって答えればよいか。これは頭で考えたら、理屈っぽくなるかもしれませんが、今度は現実です。私たちは現実を生きているのでした。私たちが生きている現場、そこを生きている誰か、お坊さんでも構わない、誰かが出てきて、「面前は是れ仏殿三門、背後は是れ寝堂《しんどう》方丈」と言ったとしたら、なんと答えたらいいのか、と圜悟禅師は我々に問いかけているわけですね。

「且道《さて》、此の人還《は》た眼を具する也無《や》」。「面前は是れ仏殿三門、背後は是れ寝堂《しんどう》方丈」という人がいたら、その人は眼を具した人なのか、そうではないのか。これはいかがですか。これは大いに問題になりますね。

「若《も》し此の人を辨得せば、你に許《みと》む親しく古人に見《まみ》え来たれりと」。もしこの人をはっきりとあぶり出すことができれば、見分けることができたら、騙されずに本物か偽物かはっきり見て取ることができたら、不二の法門を説かれた維摩居士の境涯を我がものとした人だと言えよう。このようなことを圜悟禅師は言ってくださっていると思います。

あり潰れる――「浄裸裸、赤灑灑」

趙州の無字というのが出てきましたね。なぜ出てきたかといえば、「浄裸裸《じょうらら》、赤灑灑《しゃくしゃしゃ》」とあるからでしょう。これは山田無文老師の場合は、次のように言っています。「あるでもない、ないでもない、良いでもない、悪いでもない。生きておるでもなければ、死んでおるでもない。綺麗でもなければ、汚くもない。増えもせねば、減りもせぬ。そういう対立を超えたところが、趙州の無字だ」。

しかし、趙州の無字は大変なところです。浄裸裸《じょうらら》、赤灑灑《しゃくしゃしゃ》というのは、字を見れば綺麗な世界です。しかし、山岡鉄舟居士の昔の出来事ですが、こんな話があります。鉄舟居士が大勢、管長さんから乞食までを広い道場の中に招いて、無礼講で会を開いた。そうしたら、普段ご馳走に預かったことのない乞食が、食べたものを戻してしまったというのですね。すると、鉄舟居士がそれを鷲掴みにして、自分の口に入れてしまったというのです。周りの管長さんたちも唖然として見ているだけだった。鉄舟居士はかなり無茶をする人ですからね。だから五十代で亡くなったのかもしれません。良い悪いは関係なく、それが趙州無字だというのです、無文老師は。

道場の言葉で言うと、「あり潰れる」。ないのではない、ある。そこにあるのは反吐だ。だけれども、あり潰れて、そして反吐でない。そういう状態になるわけですね。ですから、それを鷲掴みにして自分の口に入れるとは、どういうことなのか。衛生法から見れば大いに問題があると言われるかもしれませんが。ともかく、あり潰れるということはどういうことかというと、「良いとか悪いということがなくなり、悟りとか迷いとかいうことも二つながらなくなり、何もない。絶対無で、我もなければ世界もない。そういう境地を浄裸《じょうら》裸《ら》、赤灑灑《しゃくしゃしゃ》というのである」。

そういうあり潰れた境地を、浄裸裸《じょうらら》、赤灑灑《しゃくしゃしゃ》というのだというのです。無文老師は、あり潰れるという言葉を使っていませんが、あり潰れてなくなっている。「管長さんもいなければ、乞食もいない。そういう境地を浄裸裸《じょうらら》、赤灑灑《しゃくしゃしゃ》というのである。秋晴れの空のようにカラッとして雲ひとつない。そういう境地がひとつ分かって来なければならぬ」。こう無文老師は言っておられます。

「且《さ》て道、面前背後、是《こ》れ箇《こ》の什麽《なん》ぞ」。ならば、我々の目の前に現にあるもの、背後に現にあるものは何なのか。「見るもの聞くものすべて、平等である。すべて無字である。それならば目の前に見えておるものは、これは一体なんなのだ。後ろの方に並んでいるものは一体何なのだ」。山と海でもいいのです。どちらが目の前でも後ろでもいいでしょう。

「或は箇《ひとり》の衲僧《のうそう》の出で来たる有りて道《い》わん、面前は是れ仏殿三門、背後は是れ寝堂《しんどう》方丈と。且《さ》道《て》、此の人還《は》た眼を具する也《や》無」。こう答えた人は眼を具しているかどうか。それはわかりませんね。いろんな場合があるでしょうか。

たとえば、この他にどんな答えが考えられますか。ここで圜悟禅師が挙げているのは、現実そのままだと思います。ありのまま。目の前には海があり、背後には山があるというような。それこそ、この問いに対しては無数に答えがあると思います。ここに参禅の醍醐味があると思いますね。参禅は師匠と一対一で狭い部屋に入り、そこで問答をするわけです。

無文老師はこんな答えをあげています。「面前に並んでいるものは無でござる。後ろに並んでいるものも無でござる」。こうも言えるわけですね。何もかも無でござる。だから答えとして「無ゥー!」と答えるのも一つですね。それこそ、浄裸裸《じょうらら》、赤灑灑《しゃくしゃしゃ》ですね。ところが、そう言っておきながら、また無文老師は「そういうところに尻を据えがちであるが、ここに一人の雲水が出てきて、ありのままに仏殿と山門でござる。寝堂と方丈でござる」。これも間違いではないですね。ありのままです。しかしそれだけかというと、無数にあるのですね。こういうことはどこまでいくのでしょうか。

これを一番見事にやっているのが臨済録だと思います。だから臨済録は面白いのです、本当に。ぜひ臨済録は目を通していただきたいですね。読みがいがあります。臨済録で言われる言葉で言えば、「賓主互換」。主人とお客さんが入れ替わるということです。そこまで行き着くわけです。鉄舟居士はまさに乞食と賓主互換できたわけですね。鉄舟が乞食か、乞食が鉄舟か。そこまで現場でやったのです。しかし天下の管長はそうはいかなかった。賓主互換までいって初めて、「你《なんじ》に許《みと》む」という世界が開けてくると思うのですが。

「後ろに並んでいるのは六甲山、前に並んでおるのは瀬戸内海と淡路島でござる。遠くには紀州が見えまする。こういうものが出てきたならば、無字がわかっているであろうか」。わかっているとも言えますね。しかし鸚鵡の口真似のように繰り返しているだけかもしれません。「わかっていないであろうか」。それはわかりませんね。現場に当たってみませんと。

「若《も》し此の人を辨得せば、你に許《みと》む親しく古人に見《まみ》え来たれりと」。「そう言うて来たものは眼が開けているのか、おらんのか。腹のなかをちゃんと見抜くだけの力があるならば」、口先だけか、腹から言っているのか。「本則に出てくる維摩居士の境涯がわかるであろう」という言い方をしておられます。

「不二の法門に入る」とは――維摩と文殊の問答

では、本則に進みます。もちろんお話自体は架空の話でありますが、まずは真実であることに違いはありませんね。雪竇は真実として、ここに挙げているということです。「挙《こ》す。維摩詰《ゆいまきつ》、文殊師利《もんじゅしり》に問う」。維摩詰が文殊師利に問うたわけです。「何等《いかなる》か是れ菩薩《ぼさつ》、不二《ふに》の法門《ほうもん》に入るとは」。これが維摩詰が文殊さんに問うたすべてですね。

ここで大事なのは、どういう言葉か。まず、氣をつけなくてはいけないのは、「菩薩」という言葉です。凡夫に問うているのではないのです。菩薩に問うている。衆生に尋ねているのではない。悟った人という意味もある菩薩。衆生の反対概念とみてもいいでしょう。また菩薩というのは出家者ではないですね。文殊が頭に飾りをつけているのがわかりやすいでしょう。基本的に居士さんです。菩薩は居士。衲僧ではないのです。そこに注意して読んでもらわないとなりません。

維摩詰を訪ねて行くのは三十二人の菩薩方となっています。その問答を見物しようと、大勢の取り巻き連中もいます。いつも維摩詰自身が説いている不二の法門に入るとは、菩薩にとってはどういうことなのですか、と維摩詰はまず文殊師利に尋ねます。

不二の法門というときは、反対概念として何がありますか。八万四千の法門です。その片方に不二の法門。これは一つです。絶対の法門です。ところが八万四千の法門はなんぼあってもおかしくないというものです。それらを込めて、維摩詰は「何等《いかなる》か是れ菩薩《ぼさつ》、不二《ふ》《に》の法門《ほうもん》に入るとは」と尋ねた。

すると「文殊曰《いわ》く、我が意の如きは」。私が思うには、と。これまで、菩薩方は維摩詰と問答をして、やり込められているのですよね。一人として、維摩詰を負かすことができなかった。そこでお釈迦様が、維摩詰が病氣になったそうだから見舞いに行け、というのですが、誰も行きたがらない。

そこで、お釈迦様は改めて文殊師利に「おまえが行ってきなさい」と命じた。そこで文殊は尻込みする菩薩方を連れて、全員で維摩のお部屋を訪ねたのです。小さな、お茶室の原点のような部屋だと言いますから、四畳半ほどでしょうか。三十二人もの菩薩がその部屋に入れるか。野次馬の連中は入れるか。私たちの頭はついそんなふうに動いてしまいますが、まずそれが問題ですね。

「一切の法に於て、無言無説、無示無識、諸《もろもろ》の問答を離る。是《これ》を不二の法門に入ると為す」。このように文殊は答えていますね。「一切の法に於て」は全体を一掴みにしていますね。言説なしと言いますね。必ずしも言葉で説くということではありません。「一切の法に於て、無言無説」とはどういうことでしょうか。

一切の法は八万四千の法門ですね。それでも数が足りないくらいですね、一切の法ならば。はっきりしているのは、言説だけが法ではないということですね。法門は言葉によって語られるとは限らない。言葉でなくても語れる。それをここではっきりと、文殊は答えているのです。ですから、無言無説の法がどれだけあるかということです。これまた無数にあります。

たとえば、以前もお話ししましたが、誰がナンバーワンのお師家さんか。雪峰でしたね。でも雪峰の時代は趙州和尚もいます。趙州はだめかというと、そうではありませんが、弟子の数が比較されているのですね。趙州和尚は北の寒いところだから修行者が近寄らない。雪峰は南の暖かいところなので、修行者が行きやすい。そこで、修行者の数は雪峰の方が圧倒的に多いので、それでナンバーワンは雪峰と言われているのですね。

ここでは言説だけが仏法ではないということを受け止めなくてはなりません。そして次に「無示無識」と言っています。示すこともないし、わからせることもない。ますます、何から何までが説法か、というところに近づいていますね。数限りのない法の説き方がある、ということではないでしょうか。

最後には「諸《もろもろ》の問答を離る」と言っています。碧巌録は問答集ですね。問答が主体です。原則として古人の問答を取り上げて碧巌録は創られているわけですが、その問答を離れる。ある意味、めちゃくちゃなことを言っているのではないですか。碧巌録は素晴らしい問答をあつめたものだ、それを勉強しようと思ってきたのに、「諸《もろもろ》の問答を離る」、問答に法はないと言っているのですから、これは人を惑わすこと甚だしいと、立腹する人の方がまともそうですね。

これに碧巌録を編んだ雪竇自身は、どう答えたらいいのか。しかし、文殊が言っているわけですが、問答を離れることこそが「是《これ》を不二の法門に入ると為す」。不二の法門に入るとは、こういうことです、と文殊をして言わしめているのです。

そうしておいて、今度は逆に、文殊が維摩詰に問うわけです。維摩詰は居士ですから、出家者ではありません。ですから、菩薩の一人です。「是《ここ》に於て文殊師利、維摩詰に問う、我等《われら》各《おのおの》自説き已《おわ》る」。文殊だけでなく、三十二人の菩薩が一人一人維摩詰に尋ねられたのでしょう。

「仁者《なんじ》当《まさ》に説くべし」。もう残るのはあなた一人ですよ、どうぞ説いてください。「何等《いかなる》か是れ菩薩、不二の法門に入るとはと」。このように尋ねます。そこで本則としては終わっているのですね。

そして、これを碧巌録のうちの一則とした雪竇の言葉が特別に出ています。なんと言っているかというと、二言です。「雪竇云く、維摩は什麽《なん》と道《い》いしぞ」。維摩居士はなんと答えたか。これが一つ。

もう一つ、「復た云く、勘破了《みぬきおお》せり」。雪竇自ら、維摩の腹のなかを見取ったぞ、ということでしょう。実際は、維摩は何一つ答えなかった。その、沈黙を守った維摩居士に対して、「勘破了」と言葉をぶつけたのでしょう。何一つ言わないけれども、おまえさんの腹は見抜いたぞ、と雪竇は野次を飛ばした、というところでしょう。

ここで一つ、秋月先生の『一日一禅』の中に、面白いことが書いてありましたので、それをご紹介します。古人がどのようにこの則を見ているかについて、古人の批判、古人の評を紹介してくれています「文殊は無言を有言し」、言葉では表し得ないところを、言葉にして言っているのだ。不立文字の端的を、あえて言葉化して答えているのだ。このように維摩詰に対している。

これに対して、一言も言葉を発しなかった維摩詰はどうなのか。「維摩は無言を無言した」と言っています。言葉ではどうにもならない世界を、無言のままに示した、というわけですね。「これが有名な『維摩の一黙、雷のごとし』という語の出所である」。このように秋月先生は見ておられるのです。維摩詰は説かないという方法で説いたのだ。そこを見抜く目を持つ人は、その説かないところを、雷のごとし、としたのです。「雷のごとし」の語を味わってみてください。

「一黙、雷のごとし」

では「勘破了《みぬきおお》せり」と言った雪竇自身は、どんな詩をここで作っておられるのか。頌に行ってみたいと思います。

「咄《とつ》、這《こ》の維摩老、生《しゅじょう》を悲《あわれ》んで空《むな》しく懊悩《おうのう》す」。「生」を「しゅじょう」と読んでおりますが、これは「生仏《しょうぶつ》」の生ととったのでしょう。衆生と仏というのを表す二字熟語で、生仏。ここはそこから読みを振ってあります。

「疾《やまい》に毘耶離《びやり》に臥《ふ》し、全身太《はなは》だ枯槁《やつれ》たり。七仏の祖師来たる、一室且《まず》は頻りに掃《はら》う」。掃除をする。「不二の門を請問《しんもん》せられ、当時《そのとき》便ち靠倒《よりたお》さる。靠倒《よりたお》されず。金毛の獅子討ぬるに処無し」。

釈尊の十大弟子も、片っ端からやられたのですね。「十大弟子も敵わなかった。大勢の仏弟子を片っ端からやり込めるような、ヤクザ親父め」。「這《こ》の維摩老」というところを、無文老師はこのように訳していますね。このヤクザ親父め、「在家のくせに、坊さんの仲間をかき混ぜるやつかな」。

「生《しゅじょう》を悲《あわれ》んで空《むな》しく懊悩《おうのう》す」。これは、「一切衆生の病を以てこの故に我病む」と維摩詰は言われていますから、自分に病氣があるわけではないのですね。衆生が病んでいるからだと。賓主互換ですね。

「衆生の身となって自分が病む、人類が苦しむから自分が苦しむのである。人類が迷うから自分が迷うのである、と。大乗仏教はそうなくてはならん。今の世の中でも、社会がどんなに苦しもうと、自分は坐禅さえしておったらいいと、社会へ出て説教や講演をするのは禅僧のすることではない、という者がおる。それくらいなら、初めから修行などせんと、麻酔薬飲んで寝ておる方が早い。人類と我と二つではない。人類の喜びが我が喜びである。人類の悲しみが我が悲しみである。人類の悟りが我が悟りでなくてはならん。人類を放といて、なんで自分だけ悟らねばならんのか。衆生が病んでおるから、維摩もとうとう病氣をしたのである」。

「疾《やまい》に毘耶離《びやり》に臥《ふ》し」。「とうとう病氣になって、毘耶離城の自分の家に寝込んでしまった。ありのままを謳っておられるのである」。「全身太《はなは》だ枯槁《やつれ》たり」。「病氣だからさぞかし痩せたことだろう。骨と皮になっておりはせんかな。一切衆生の病を以てこの故に我病む。夜も眠れんほど悩んでおる。さぞかし体にもこたえてやせ細っていることであろう」。

「七仏の祖師来たる」。「そこで釈尊が十大弟子、ならびに菩薩方に維摩の見舞いに行けと言われたのだけれども、誰も行かなかった。最後に文殊菩薩が維摩の見舞いに行かれることになった。七仏の祖師とは文殊である。七仏を生み出すものは文殊の知恵でなくてはならん。文殊こそ七仏の祖師である。般若の智慧、根本智でなくてはならん。文殊菩薩という具体的な人間がおったわけではない。智慧を象徴するものが文殊であり、七仏の祖師である」。その文殊菩薩が見舞いに来られた。

「一室且《まず》は頻りに掃《はら》う」。「文殊菩薩が見舞いに来られると聞いたら、維摩居士はたった四畳半の部屋を片付け、ものを全部家の外に出してしまった。召使いも外に出してしまった。たった一つ寝台を中に据えて、一人で寝ておった。なんでそんなことをせんならん。ありのままでいいではないか。本来あるがままの空ではないか。なんで維摩がそんなことをしたであろうか。維摩は、集ってきた八千の菩薩、五百の声聞、百千の天人に向かって、不二の門を尋ね、三十一人の菩薩が一人一人答えた。そして最後に、文殊菩薩が答えられた」。

そして、逆に今度は文殊の質問を受けるわけですね。我々はみんな説いた。最後はあなたが説いてくださいと言われて、維摩は黙ってしまった。何も答えない。

「不二の門を請問《しんもん》せられ、当時《そのとき》便ち靠倒《よりたお》さる」。「それではまるで、文殊菩薩につき倒されたようなものだ。入不二の法門で居士はつき倒されたな」。それが「当時《そのとき》便ち靠倒《よりたお》さる」。その次は逆のことを言っていますね。「靠倒《よりたお》されず」。「決して倒されてはおらん。黙っておることが、『一黙、雷のごとし』だ。維摩はそんなことでは倒れてはおらん」。

「金毛の獅子討ぬるに処無し」。金毛の獅子というのは、それに乗っている文殊のことですね。「維摩の一黙、雷のごとし。黙ってしまったのでは、維摩の境涯はどこにあるか。文殊菩薩でもうかがい知れなかったであろう。維摩の一黙こそ、入不二の法門の真髄を示しているものである。三十二人の菩薩より、文殊菩薩より、居士の維摩こそ、仏法の真髄をつかんでおる者であろう。こう雪竇が維摩を謳っておるのである」。このように無文老師は言っておられます。

看経の眼

「法は法なきを期する」と言いますね。法律は細かいことを規定していますが、本当の理想は、こんなゴタゴタした法律などなくなること。そんなものがなくても、皆が和合し、協力しあっていける世界にすることだ、というのが根本精神だと聞きました。ですから、まさに不立文字ですね。法律など必要ない。

ですから、言葉に囚われないということが禅にとっては大事です。言葉がいい言葉であるほどに、囚われると二進も三進もいかなくなることがあります。いい言葉だから大事にしようと思うと、その言葉に囚われ、自由が利かなくなってしまう。

禅の目的はあくまで、自由自在というところにあると思います。ですから、どんな状態に陥っても、どんなに厳しい現実に放り出されても、なんとか工夫して、その中で働けるような力、パワーこそが禅が求める自由ということだと思います。そして、後で振り返ると、よくあんな力が出たな、と思うくらい、まさに適切な力を出してそこを切り抜けている。決して、反道徳的な力を出して切り抜けているのではなくて、実になんとも言えない見事な知恵で急場をしのいでいく。これは禅だけでなく、我々すべて、人間である限りの共通事項だと思います。

ですから大燈国師の言葉を思い出してください。「この理、人人《にんにん》これあり」と言っているのですね。一つ一つが重みを持っていますね。この道理が、人間である限り、誰もが持っているのだ、というのです。管長だから持っている、乞食だから持っていないなんていうことはない。みんなが持っているのだ。仏教は平等を説いているのだ、その平等とはこれだと思い知らされます。ここを大事にしてください。

仏教で第一に言われるのは平等、二つ目には平和だと言われます。いつもお話しますが、大津櫪堂という方は、坐り始めたら、わけがわからなくなるまで坐るのだ、とおっしゃった。わけがわからなくなるというのは、いい、悪いという世界が潰れるまで、ということですね。禅の場合は、これをもっとも徹底していると思います。良し悪しが一つになってしまうわけですね。まさに「あり潰れる」。それまで坐る。それが、わけがわからなくなるということの実際だと思います。

わけがわからないというのは、悪いことではないのです。私たちの世界は、通常は差別の世界です。その差別がなくなって平等の世界に一転するネガのところが、わけがわからなくなる世界、ということでしょう。そしてそこから、平等の世界が生まれてくる。醒めた眼で言えば、差別は差別のままで平等とみられるような眼が生まれてくるまで坐り抜くのだ、と教えてくれている。それを「看経《かんきん》の眼」というのでしょう。お経を読む眼ですね。その眼をつけないとお経が読めないという眼。それは具体的にはなにか。坐禅をするしかないか。それでは寂しいですね。どんな言葉で、看経の眼を表現しているかを思っていただきたいですね。

白隠は般若の智慧と言います。智慧を落とすと、般若です。師匠の正受老人も般若と言います。では盤珪はどうか。不生の仏心です。不生です。このように、言葉は違っても、同じところを押さえていると思います。同じところとはどこか。般若ではわかりませんね。もう少し具体的にいうと、正念相続というところでしょう。正念を相続する世界。反道徳の世界ではないのです。まさに正念の世界。しかしこれは難しいですね。正受老人自身が、十代で階段から転げ落ちて悟っていますが、のちに言っています。正念相続できるようになるまで四十年かかったと。墓場へ出て、狼に息を吹きかけられても微動だにしなかったのは最近だと言っています。

難しいことですが、誰もが持っているのだ、「人人これあり」ですよ。だから私たちは、同じ相続と言っても、なかなか正受老人のような相続はできませんが、私たちなりに、正念相続というところに出ることができれば、と思います。盤珪さんも、この正念相続のところを、不生の仏心と言っているのです。

ですから、みんなこれを大事と見ているわけです。それを私は私なりに、「大人の智慧」と表しています。大人の醒めた智慧で、物事を見つめる。それが正念相続の私なりの解釈としています。

まず、常識を取っ払っていかなくてはなりませんね。常識は大事ですが、取り払わなくてはいけない。禅問答というのは、もちろん大事ですが、ある意味では、禅問答を離れることができるところに持っていきたいのが、禅問答かもしれません。

法律家が法律を作るのはなぜかといえば、もちろん、悪いことをしない、良いことをする。権力者の思うがままにさせないために、法律を作る面もあるでしょう。しかし本当の意味は、こんな七面倒臭いものがなくても、世の中が平和に和合して、一人一人が個性を伸ばして、生き生きと生きていける世界を作るためにやむなく作っているのだと。

禅問答も、禅問答から離れることができることがある意味、目的かもしれませんね。では、禅問答を放っておいて、なぜ坐禅をするのか、己事究明か、と叱られそうですが、結局それが、苦労ということでしょう。若い頃には苦労は買ってでもせよという、辛苦。それが自分を鍛えてくれるのですね。それによって、看経の眼が作られていくのです。物事を見る目が作られていくのでしょう。

だから、禅問答以上の大事の元になるのが辛苦です。苦しみ喘ぎながら、そこで踏ん張る。皆さんも、何度も大変なことがあったと思いますが、それでもここで出会っている。ご自分の体験を振り返っていただくと、何かの開けに出ていると思います。それは何か。この一点を一番よく参究させてもらえるのが禅問答だと思います。ご自分の経験に似たものを感じないか。碧巌百則の中に、それがあるはずです。どうかそれを探し出して、それを深めていっていただけると、看経の眼、「大人の智慧」がついていくのではないか、と思うのです。どんなものでしょうか。

もう一度、頌を読みましょう。「咄《とつ》、這《こ》の維摩老」、ここは一応、維摩を叱っているのですね。咄ですから。けれども、言葉通りか、裏があるか。「生《しゅじょう》を悲《あわれ》んで空《むな》しく懊悩《おうのう》す」。「疾《やまい》なんだい、自分の体を痛めたのかと思ったら、それは衆生のことで悩んでいるのか。「疾に毘耶離《びやり》に臥《ふ》し、全身太《はなは》だ枯槁《やつれ》たり」。それほどいい加減なことではない。これほどやせ細って毘耶離に臥している。

「七仏の祖師来たる、一室且《まず》は頻りに掃《はら》う」。文殊さん見舞に来訪の知らせを聞いて、維摩居士は大金持ちなので、使っている人もいたようです。そういう人をみんな追い出して、自分の部屋を掃除しだした。「不二の門を請問《しんもん》せられ」、挙げ句の果てには、不二の門を文殊から逆に尋ねられ、「当時《そのとき》便ち靠倒《よりたお》さる」。無言で過ごしたので、答えることができずに寄り倒されてしまった、と表面的な見方をします。

そしてすぐに否定します。「靠倒《よりたお》されず」。そして最後に、「金毛の獅子討ぬるに処無し」と締めているのですね。あの知恵の文殊すら、維摩居士の深い境涯はなかなかわからないぞ。こう頌して雪竇は見事に逆転していくのです。

桐峰庵主と修行僧の問答——第八五則「桐峰庵主大虫」

【垂示】垂示に云く、世界を把定《おさえこ》んで、纖毫《けすじほど》も漏らさず、尽大地《じんだいち》の人、鋒《ほこさき》を亡《うしな》い舌を結ぶ、是れ衲僧《のうそう》の正令《しょうれい》なり。頂門に光を放ち、四天下を照破す、是れ衲僧の金剛眼睛なり。鉄を点じて金と成し、金を点じて鉄と成し、忽ちに擒《とら》え忽ちに縱《はな》つ、是れ衲僧の拄杖子《つえ》なり。天下の人の舌頭《した》を坐断して、直得《つい》に氣を出だす処無く、倒退三千里ならしむ、是れ衲僧の氣宇なり。且道《さて》、総《すべ》て恁麼《さよう》ならざる時、畢竟是れ箇《こ》の什麼《いか》なる人ぞ。試みに挙《こ》し看ん。

【本則】挙す。僧、桐峰庵主《とうほうあんじゅ》の処に到って便ち問う、「這裏《ここ》に忽《も》し大虫《とら》に逢わん時、又た作麼生《いかん》」。庵主、便ち虎の声を作《はっ》す。僧便ち怕《おそ》るる勢《しぐさ》を作《な》す。庵主、呵呵大笑す。僧云く、「這《こ》の老賊」。庵主云く、「老僧を争奈何《いかん》せん」。僧、休し去る。

雪竇云く、「是《ぜ》は則ち是《ぜ》なるも、両箇《ふたり》の悪賊、只だ耳を掩《おお》って鈴を偸《ぬす》むを解《よ》くするのみ」と。

【頌】之を見て取らざれば、之を思うこと千里ならん。好《よ》箇き斑斑《けなみ》なるも、爪牙未だ備わらず。君見ずや、大雄山下《だいゆうさんか》に忽《はた》と相逢《であ》い、落落たる声光皆な地に振うを。大丈夫、見るや也無《やや》、虎尾を収め虎鬚を捋《ひ》くを。

「総て恁麼ならざる時」

まず圜悟禅師の垂示を読んでみましょう。衲僧というのは破れ衣ということで、禅僧が自分のことを言うときの名乗りです、「衲僧《のうそう》の正令《しょうれい》」「衲僧の金剛眼睛」「衲僧の拄《つ》杖《え》子」「衲僧の氣宇」の四つをあげています。

「且道」。それはそれとして、「総《すべ》て恁麼《さよう》ならざる時」。これがこの則の問題なのですね。そうではない時。四つの例は真っ当なことを言っていますね。禅僧の本分です。すべてがそうでない時、「畢竟是れ箇《こ》の什麼《いか》なる人ぞ」。それはいったいどんな人なのだろうか。素晴らしい人なのか、だめな人なのか。その例をひとつここに挙げてみるから、皆さん、ようく見極めてくださいよ、というのが今日の問題であるわけです。

「垂示に云く、世界を把定《おさえこ》んで、纖毫《けすじほど》も漏らさず、尽大地《じんだいち》の人、鋒《ほこさき》を亡《うしな》い舌を結ぶ、是れ衲僧《のうそう》の正令《しょうれい》なり」。

まず「衲僧の正令」です。真正の法令とでもいったらいいでしょうか。衲僧の、真正の法令とは何でしょうか。いい例はありませんか。お師家さんとしてのナンバーワンは雪峰でしたね。「尽大地撮《つま》み来れば粟米粒如《ほど》の大きさなり」というのが碧巌録の第五則にありましたね。世界を押さえ込んで、毛筋ほども漏らさず、手の上に乗せてしまった、というのですから。大地の人々、雪峰の周りの生きとしいける人は、うんともすんとも言えなくなってしまった。これが禅僧の本分だ、というのですね。

「頂門に光を放ち、四天下を照破す、是れ衲僧の金剛眼睛なり」。金剛不壊と言いますね。決して壊れないことです。金剛の固い目の玉。「睛」と書きますから、雲ひとつない、晴れ渡ったまなこ。何一つ止めていない、まっさらな眼とでも言いますか。それこそが四天下を照破す、金剛の眼睛なのだ。頂門から光を放って、東西南北、世界中を照らし、映し出さないところはない、というのでしょう。隅々までその光が行き渡っているのが、衲僧の金剛眼睛だ。

「鉄を点じて金と成し、金を点じて鉄と成し、忽ちに擒《とら》え忽ちに縦《はな》つ、是れ衲僧の拄杖子《つえ》なり」。ある時は鉄を点じて金となし、ある時は金を点じて鉄となす。あるときは凡夫に火をつけて、というのでしょうか。凡夫を聖人とし、あるときは聖人ということすら奪い取って、ただの凡夫となす。捕まえたと思うとあるときは自由に離してやる。これが禅宗坊主の杖だ。つまり、働きだ、というのでしょうか。

「天下の人の舌頭《した》を坐断して、直得《つい》に氣を出だす処無く、倒退三千里ならしむ、是れ衲僧の氣宇なり」。天下の人をうんともすんとも言えなくしてしまい、本来の元氣を出す場所すら奪い取ってしまう。ただただ三千里の外に退《しりぞ》かせしめる。これが禅宗坊主の境涯であり、境地である、とでも言いましょうか。いいことずくめですね。

ところが、それはしばらく置いて、「且道《さて》、総《すべ》て恁麼《さよう》ならざる時」。そうはいかない時、「畢竟是れ箇《こ》の什麽《いか》なる人ぞ」。その人は飛び抜けて素晴らしい人なのか。それとも、話にもならないだめな人物なのか。「試みに挙《こ》し看ん」。そのいい例をあげてみるから、ようく見さっしゃい。これが今回の則ですね。

桐峰庵主と修行僧の問答

桐峰庵主と修行僧の問答です。どんな問答を二人が繰り広げているのか、本則を見てみましょう。

「挙す。僧、桐峰庵主《とうほうあんじゅ》の処に到って便ち問う」。僧は修行僧です。桐峰庵主は一説には、臨済の法嗣だと言われています。ですから唐時代の人ですね。悪いはずはないですね。しかし果たして、そうなのか。それともこの時はしくじったのか、というところでしょう。「這裏《ここ》に忽《も》し大虫《とら》に逢わん時、又た作麼生《いかん》」。このように修行僧が桐峰庵主に問うたのです。ここで虎が出てきたら、どうなさいますか、と臨済の法嗣に尋ねたのです。

「庵主、便ち虎の声を作《はっ》す」。桐峰庵主はウオーッと虎の声を発した、ということですね。「僧便ち怕《おそ》るる勢《しぐさ》を作《な》す」。おおこわ、とばかり、恐れるさまをなした。「庵主、呵呵大笑す」。これがまず、問題ですね。恐れる勢いをなした修行者を見て、呵呵大笑したというのです。

「僧云く、這《こ》の老賊」。笑われた修行僧が言うのに、「この大泥棒が」。こんな感じですね。大泥棒めが、となじった。または褒めそやしたのかはわかりませんが。

「庵主云く、老僧を争奈何《いかん》せん」。桐峰庵主はこのように言ったというのですね。「僧、休し去る」。これが二人の問答です。

そこに、雪竇がたまらなくなって舞台に上がってくるわけです。普通は観客席から野次を飛ばすというのが碧巌録ですが、観客席から舞台に上がってくるのですね。「雪竇云く、是《ぜ》は則ち是《ぜ》なるも、両箇《ふたり》の悪賊、只だ耳を掩《おお》って鈴を偸《ぬす》むを解《よ》くするのみと」。

桐峰庵主と言いますが、庵主というのは世に出ず、一生、小さな庵に住んで、寺の住職にならなかった人ですね。ですから、庵主はある意味で志のある方だと思いますが。それとも、そうでなくて、ただ小さな庵で一生過ごしてしまったのか。

その庵主のところに修行僧がやってきて、ここにもし、虎が出てきたらどうなさいますか、と尋ねる。すると、庵主は雄叫びをあげた。おれが虎だ、という感じですね。そういうと、僧が体を縮めて、恐ろしや恐ろしや、とばかりに恐れるさまをした。すると庵主は呵呵大笑したわけです。

ここからが問題ですね。修行者は「這《こ》の老賊」と返したのですね。この盗人め、この大泥棒が、この巾着切りめが、どう言ったのかです。大泥棒なのか、それとも人の財布を抜き取る小物なのか。それに対して、庵主は返しています。さあ、このわしをどうするか、というのでしょう。大泥棒扱いするか、小物扱いするか。僧はどうするのでしょうか。「休し去る」。黙り込んでしまった。

答えのない僧に代わって、雪竇が出てきます。「是《ぜ》は則ち是《ぜ》なるも」と言っています。

いいことはいいことだが、「両箇《ふたり》の悪賊、只だ耳を掩《おお》って鈴を偸《ぬす》むを解《よ》くするのみ」。どのように見ているのでしょうか。

「耳を掩って鈴を偸む」の注記に、「愚かな自己欺瞞の喩え」とあります。愚かな行為のたとえなのです。耳を覆いますから、自分には聞こえないのですね。けれども、鈴を盗みますから、その音は外部に凛々と鳴り響く。知らないのは耳を覆っている本人のみ。そんな行為です。

たとえば、山田無文老師はここのところを、どんなふうに取っているか。「『雪竇云く、両箇《ふたり》の悪賊、只だ耳を掩《おお》って鈴を偸《ぬす》むを解《よ》くするのみと』。この問答を、雪竇が批判しておるのである」。たまりかねて、雪竇が批判したのですね。「両箇の悪賊、まんざら働きがないとは言わん。しかし、桐峰庵主もこの僧も、小盗人だ。大物ではない。鈴を落とすと家の人が眼を覚ますからといって、音が聞こえぬように自分の耳を覆って、鈴を盗んでいくようなやつだ。自分の耳を押さえたって、人に聞こえることは明らかである。自分の耳を覆ったら、人にも聞こえぬと思うような盗人があるとしたら、バカな盗人だ。盗人にもなっておらん。独りよがりということだ。自分だけ耳を押さえたら人にも聞こえんと思っておるのであろう。自分だけ言いたいことを言って、人にはちっとも働きのない禅僧ということである」。このように注釈しています。

ところが実は、本則の理解は分かれていて、とても良く取っておられる祖師もいらっしゃいますから、必ずしも無文老師の言うように取ることはありません。皆さんがご自分の境涯で、こうであると受け取ってもらうことが大事だと思います。

では、「耳を掩って鈴を偸む」というのは、どこのところか。最初のところだというのですね。「這裏《ここ》に忽《も》し大虫《とら》に逢わん時、又た作麼生《いかん》」。質問者がぶつけた最初の問いです。すると庵主はすぐに、虎の声を出した。これが耳を掩って鈴を偸むというところなのです。どうしてでしょう。

普通、禅問答の常識として、質問者が虎になっているわけです。修行者が虎になって出てきて、しかし自分が虎だとは言わずに問いをぶつけているのです。ですから、無文老師がおっしゃっているのは、相手が虎になっているのに、それを見ずに自分が虎になっている、ということです。すでに相手が虎なのだと。

しかし、そういう対し方がないわけではないと思いますね。そこで、無文老師は「そこまでは、まあいい」と言っているのです。「相手が虎になって出てきたことを承知しながら、やっている。庵主が人物であれば、そんなことは百も承知のはずだ。虎になって出てきた相手に、虎になって返す。それはまあ、許せるけれども」と言います。「僧の方は、自分の方が虎であるのに、恐れる様を示した」。これはどうかというのですね。「虎と虎ならば、取っ組み合いをすればいいではないか」。それでいいのかというのでしょう、それとも、それほど桐峰庵主が素晴らしかったのか。虎の一声が素晴らしくて、とても自分が敵わないと思ったから、恐れるていを示したのか。

「この僧もこの僧だ。初めの勢いはどうしたのだ。『這裏《ここ》に忽《も》し大虫《とら》に逢わん時、又た作麼生《いかん》』と言ったのを、もう忘れておるではないか。なぜ虎と虎とがかみ合わんのか。相手が虎になったら、こちらが逃げることはないではないか」。

「『庵主、呵呵大笑す』。庵主がそこで大いに勝ち鬨を上げて笑ったが、何もわかってはおらん。それをまた僧が批判して、『這《こ》の老賊』。この大泥棒といったところで何もならん。その僧に向かって『老僧を争奈何《いかん》せん』。その大泥棒をおまえは如何ともできんではないか」というのですね。「龍頭蛇尾、一貫しておらん。相手の言葉を無視して、自分よがりに一人一人の言葉を言っているだけで、これでは禅問答にならん、と雪竇禅師が批判しておられるのである」。

このように無文老師は解しています。しかし、この問答を水も漏らさぬ良いやりとりだという祖師方もおられますから、みなさんがじっくり見極めてください。

「いったい何をしておるのか」

では頌に入ります。圜悟禅師の評唱にも踏み込んでみたいと思います。頌は文字数が限られていますから、評唱と違い、なんぼでも書けるものではありません。「之を見て取らざれば、之を思うこと千里ならん」。これは誰のことを謳っているのでしょうか。修行者のことですね。「好箇《よ》き斑斑《けなみ》なるも、爪牙未だ備わらず」。これは誰のことでしょうか。これは桐峰庵主に対して言っているのだと思います。

「君見ずや、大雄山下《だいゆうさんか》に忽《はた》と相逢《であ》い」。一つの出会いがあるわけですね。大雄山下、百丈の山ですね。その一峰が大雄峰です。そうすると、百丈禅師と黄檗禅師との出会いがあります。この後の圜悟禅師の評唱にも出てきます。大雄山下にお二人がバタッと出会った。「落落たる声光皆な地に振うを」。これはいったい、誰のことを謳っているか。黄檗のことか、それとも百丈のことか。「大丈夫、見る也無《や》」、大丈夫とは誰のことか、黄檗のことか、百丈のことか。「虎尾を収め虎鬚を捋《ひ》くを」。虎尾を収め虎鬚を捋いたのは誰か。黄檗か、百丈か。それらを思いながら、評唱を読んでいきたいと思います。大変に大事なところだと思います。

頌の評唱です。「之を見て取らざれば、之を思うこと千里ならんと」。なすべき時にはっきりしておかんと、後悔先に立たん、ということがありますね。これはよく、聞かれることだと思いますが、はっきりしているところに禅の正令があるのですね。せっかくの虎を見ながら、その虎を捉えることができないというのはどういうことか。せっかく虎になりながら、相手に噛みつくことができない。そういう鈍い働きが、桐峰庵主とこの僧の問答であったと、雪竇は謳っているのか、それともそうではないのか。そういうことですね。

「大用現前、軌則を存せず」という言葉がありますね。大きな働きが目の前に現れている。その時、そこにどんなことが起きるか。本当の大きな大きな働きが、目の前に現れ出でている時、そんな時は規則なんて糞食らえだ、なくなってしまうというのです。ですから、「衲僧の正令」というのは、ある意味で大軌則と言っていいでしょう。しかしそれを上回るものとして、大用がある。軌則すらどこかへ飛んで行ってしまう、大用というものがある。ここでは何の働きもしていないようだけれども、この桐峰庵主がやったことは、ほんまものの大用だったのかどうか、その見極めがこの則の眼目だと思います。そして、祖師方によって、これはいろいろな取り方があります。決めつけることはできません。自分が自分で納得のできる掴み方をするしかないと思います。

「正《まさ》に嶮処に当って、都《まった》く使うこと能わず」。嶮処は険しいところです。断崖絶壁を目の前にして、なすすべがなくなった。それとも、なすすべがなくなったところに真の大用が現前しているのか。目には見えないけれども、大用が現前しているのかどうか、という問題だと思います。これは禅の伝統にも関わることですね。

桐峰庵主が虎になってウォーッと吠えた時に、なぜ虎のしっぽを抑え、虎の髭を引っ張らなかったのか。桐峰庵主は修行者に対して、ウォーッと吠えた時、どうしてそれをしなかったのか。桐峰庵主が呵々大笑した時に、修行者はなぜ横っ面をぶん殴らなかったのか。さっぱりその僧には衲僧らしき働きがなかったということになりますね。

「他《かれ》の老僧を争奈何《いかん》せんと道《い》うを等《ま》って、好し本分の草料を与えん」。本分の草料とは、一発殴るとか、喝を飛ばすということです。こうして最後のチャンスも逃がしてしまった。「当時《そのとき》若し這《こ》の手脚《てなみ》を下し得《しめ》ば、他必須《かれかなら》ず後語有らん」。そこで一発くらわせたら、唐時代の僧がやったようなことをしたら、「庵主もまたその時、答えるために、本分の働きを示して返しただろう」。何か一句を吐いただろうに、と無文老師は言っておられます。

「二人は只だ解《よ》く放つのみにして解《よ》く収めず」。放行ですね。「自由に許すことのみをよくして」、把住、つまり「はっきり相手を否定することが全然わかっていないではないか」。「之を見て取らざれば、早是《つと》に白雲万里」。「そこをしっかりと見てとらなければ」と、出だしの雪竇の頌に戻るのですね。「白雲は万里の彼方に飛んで行ってしまうぞ」。「更に什麼《なん》の之を思うこと千里とか説《い》わん」。「これを思うこと千里と言っても遅いわい。しっかり見てとるときに見てとらず、愚痴を言っても始まらんぞ」というのです。

「好箇《よ》き斑斑なるも、爪牙未だ備わらずと」。これは桐峰庵主のことを言ったのですね。「是則是も箇の大虫、也た解く牙を蔵し爪を伏すも」。「虎が牙を隠し、爪を伏すことはできるが」、「争奈せん人を咬むこと解わず」。「人を噛むことはできないのではないか」。だから毛並みだけではだめだ、両方ないと、というのではないでしょうか。いつも牙を隠し、爪を伏しているだけで、人を噛んだことがないんじゃないか、ということですね。

「丁寧は君徳を損す」と言いますね。丁寧にお相手するのは大君の徳を損じている。そこに一つの緊張感が出ない限り、禅問答にはならん、というのが古来の建前です。それ以上の大用があって初めて救われるのですが、さあどっちなのか。

「この庵主といい、僧といい、人を許すことばかりしておるけれども、相手を抑えとっちめることを知らなかったのではないか。そんなことでは、千里どころではない。白雲万里だ。宗旨に触れることは絶対にないであろう。雪竇は『之を思うこと千里』と謳ったが、千里どころではないぞ。『好箇き斑斑なるも、爪牙未だ備わらず』と雪竇は謳っているが」。

黄檗の虎の話

ここからが、非常に大事になってくると思います。ある意味ここまでは前座のようなものです。

「君見ずや、大雄山下に忽《はた》と相逢《であ》い、落落たる声光皆な地に振うを」。大雄山というのは、ご存知のように百丈山の一峰です。だから、百丈と黄檗の出会いを言っています。大雄山下でどんなやり取りがあったのか。

「百丈禅師が門前で薪割りをしておったか、草刈りをしておったか」。斧を腰にぶら下げていたわけですね。そこへ黄檗が山から出てきた、という説もあれば、下から上がってきたという説もあります。それはどちらでも構いませんね。そこで、百丈が尋ねます。

「百丈、一日黄檗に問うて云く、什麼処《いずこ》よりか来たる」。今頃どこから帰ってきたか。「檗云く、山下に菌子《きのこ》を採り来たる」。山下へきのこを取りに行ってきました。

「丈云く、還《は》た大虫《とら》を見るや」。山へ行っておったか。山で虎に遭わなかったか。「檗云く、便ち虎の声を作す《はっ》」。虎といえば、すなわち虎になってしまう。そこで、黄檗はウォーッとばかり虎の声をあげた。

「丈、腰下より斧を取って斫《き》る勢《しぐさ》を作《な》す」。すると百丈は腰の斧を抜き取って振り上げて、一打ちに殺す勢いをして見せた。「檗、約住《つかま》えて便ち掌《ひらてうち》す」。すると黄檗が、師匠の横面をビシリッと張ってしまった。

「相手を殺さなければ、こっちが殺される。相手が殺されるか、こっちが殺されるか。とことんまでやらんかい。本則のような掛け合い漫才が何になるか。虎と言ったら本当に虎になってしまえ」と無文老師はけしかけています。

「丈、晩に至って上堂して云く」。その晩、百丈が上堂して皆に言って聞かせた。「大雄山下に一の虎有り」。この山の中に一匹の大虎がいる。「汝等諸人、出入に切に須らく好く看るべし」。一匹いるから、ようく、ここへ出入りする際に、その虎を見なくてはいかんぞ。「老僧は今日、親《みずか》ら一口《いっく》に遭《あ》えりと」。わしは今日、ひと噛みされたわい。

「この大雄山の中に恐ろしい虎がおるぞ。皆出入りに氣をつけろよ、虎に噛みつかれるぞ。わしも今日その虎に噛みつかれたわい。これは黄檗を褒めているのか、叱っているのか。滅多に褒めるような百丈ではない」。このように無文老師は言っていますね。本当のお師家さんは褒めないのだ、というのです。

「後来《のち》に溈山《いさん》、仰山《きょうざん》に問う」。百丈禅師の弟子が溈山ですね。その溈山禅師が、自分の弟子の仰山に問いかけます。「黄檗の虎の話は作麼生《いかん》」。黄檗は溈山の兄弟弟子ということになります。二人とも、百丈の弟子です。黄檗の話はどうだ、と聞きます。「仰云く、和尚の尊意は如何」。お師匠さんは如何ですか。「潙山云く、百丈は当時合《そのときまさ》に一斧をもて斫殺《きりころ》すべし」。すると、潙山が答えます。百丈禅師はその時に一斧の下に斬り殺すべきだった。「什麼《なに》に因ってか此の如くなるに到る」。どうしてこんなふうになってしまったのか。

こう言いますと、「仰山云く、然らず」。そうではありません。「潙山云く、子《なんじ》又た作麼生」。おまえはどう思うのか。「仰山云く、唯だ虎の頭に騎《の》るのみにあらず、亦た解く虎の尾を収む」。仰山が言うのには、百丈禅師はただ虎の頭に乗っかっただけではありません。同時に虎のしっぽもしっかり手中に収めております。見事に生け捕りにしております、と言っています。

「潙山云く、寂子、甚だ嶮崖《けんがい》の句有りと」。師匠の潙山が認めるわけです。おまえさん、なかなか厳しいこと言うなあ、というのですね。嶮崖にぶつかった時に、それに対処する句を言ってくれたなあ、とも響きますね。

無文老師は次のように解説しています。「黄檗が虎になって師匠に噛みついたというが、あの話をおまえはどう思う。すると仰山が、私よりもまずあなたのご意見が聞きとうございます」と、お師匠さんを立てるわけですね。「ここらがぬからんところだ。調子に乗ってしゃべるようなことはせん」。そうすると師匠の潙山は、「わしだったら、斧で本当に叩き殺してやるのに、手ぬるいことをするから、あべこべに黄檗に噛みつかれたのじゃ。百丈はちょっと手を緩めたな」と。仰山が言うのには、私はそうは思いません。ではどう解釈するか。虎を殺すのは、わけはないが、殺してしまってはだめです。仰山が言います。「虎の頭をしっかり押さえ、しっぽを捻じ上げて、百丈が黄檗という虎を生け捕りにしたのでございます。黄檗が二進も三進もできんように、百丈が虎を手取りにして、自由自在におもちゃにしておるのです。殺してはだめです」。こう言っているのですね。

仰山がそう言ったら、潙山が「貴様、なかなかえらいことを言いよる、と仰山を褒めたという。こういう百丈と黄檗の虎の話を持ってきて、雪竇は『声光落落として大地に振う』と謳っておるのである。ウォーッと虎の鳴き声をして、師匠の横っ面を殴る。その勢い、天下に人なきがごとし。この黄檗の働きは殺活自在。与奪縦横、転変自在だ。そこに達磨の宗旨、生きた禅、活機の禅のあることを見てとらなくてはならんであろう」。この最後のところは本当にいいところだと思います。大事なところです。

「声光落落として大地に振う」の「声光」は、黄檗が発したウォーッという声ですね。この声の光が、皓々として大地に振う。「落」は、落ちつきどころ、究極のところ。大地は私たちの生きている現場ですね。現場を離れていないのが、いいところですね。大地を離れないのです。ウォーッという一声が大地を離れず、大地の隅々までいきわたっている。そこに黄檗の凄まじさ、しかも現実を忘れないという働きを見なくてはいけないと思うのです。

生きた達磨の赤い血——禅の道流

黄檗だ、百丈だという人は、亡くなっているのです。あるのは生きた達磨です。生きた達磨の赤い血です。ですから、黄檗の全身は達磨の赤い血がみなぎっているだけ。黄檗はどこにもいない。百丈もいない。ある意味では、達磨もいない。では何があるか、ということになりますね。

それに対して、「大丈夫見る也無《や》。還《は》た見るや、虎の尾を収め虎の髭《ひげ》を捋《ひ》くを。也た須是《すべか》らく本分なるべし」。そこには人間としての真のありようが赤裸々に出ているだけだ、というのでしょうか。

「この百丈と黄檗の働きが皆分かるか、どうじゃな。『大雄山下に一の虎有り。汝等諸人、出入に切に須らく好く看るべし。老僧は今日、親《みずか》ら一口《いっく》に遭《あ》えり』と大いに黄檗を褒めたようだが、褒めたのではない。百丈が黄檗を手取りにして、頭を抑えしっぽを捻じ上げ、大いに責任をもたせておるのだ。大雄山に立ち、達磨的的の禅を背負って立つ、大きな責任をこの大きな虎にかぶせておるのだ。そこが、『虎の尾を収め虎の髭を捋くを』という百丈の働きであろう。そういう働きが分かるかどうじゃ。虎のしっぽを捻じ上げ、髭を引っ張って自由自在に虎をあしらっていく。そういう力量が皆にあるかどうじゃ。たとえ、そういう力量があっても、上には上のあることを知らねば駄目じゃ。虎を手取りにする力があるというならば出てこい。俺が鼻っ面に穴を開けて、縄をつけて引き摺り回してやるわい。こう圜悟が皆に釘を打たれているのである」。圜悟がそう言っているのだ。評唱ですから、圜悟の言葉です。これを無文老師はこのように解釈しているのです。

無文老師は「そういう力量が皆にもあるか」と聞きます。これは圜悟が言っているのでしょうけれども、そういう力量が誰にでもあるのだ、ということですね。ただ、そういう力量があっても、上には上があることを知らなくてはだめだ。その力に酔ってしまってはだめだ。なお登り行く山があるということを、絶えず我々は思わないとだめだ。落ちていくだけになるのです。そして、改めて虎を手取りにする力があると自負するものは出てこい、と。見分けてやろう、と言っているのですね。

圜悟禅師は宋時代の達人です。宋時代の公案禅を作った方は厳しいですね。唐時代の人と同じことをしようとしていますね。唐時代の人がやらないことでも、おれがその場にいたら、こうやってやる、と言っているのです。そうしなければ禅は滅びるぞ、と。

決して、公案禅が生易しいのじゃないのですね。それだけに今、風前の灯になっています。続くか、絶えるかの瀬戸際にあります。それを続けて灯火を消さずにおくには、どうしたらいいか。その「どうしたらいいか」ということで、みんなが一つになるのだと私は思うのです。皆さんと私たちがまず一つになる。そういう輪をどんどん広げていくこと。それが道流、大徳だと思います。

臨済には大徳が見えます。私たちには見えませんが、臨済は「大徳」と呼びかけてくれますね。道流も同じだと思います。釈尊のみ跡を慕いて、釈尊の歩いた道を共に歩む仲間をこそ、大徳、道流というのだと思います。

人人ことごとく光明あり——第八六則「雲門有光明在」

【垂示】垂示に云く、世界を把定《おさえこ》んで、絲毫《けすじほど》も漏らさず。衆流《しゅる》を截断《たちき》って、涓滴《ひとしずく》も存《のこ》さず。口を開けば便ち錯《あやま》ち、擬議《おもいまど》えば即ち差《たが》う。且道《さて》、作麼生《いかなる》か是れ透関底眼《みとおせるまなこ》。試みに道《い》い看ん。

【本則】挙す。雲門、垂語して云く、人人尽《にんにんことごと》く光明の在る有り。看る時は見えず暗昏昏《あんこんこん》たり。作麼生《いかなる》か是れ諸人の光明。自ら代《かわ》って云く、厨庫《ずく》、三門。又た云く、好事《こうず》は無きに如《し》かず。

【頌】自ら照らして孤明《こみょう》を列《つら》ね、君が為に一線を通ず。花謝《ち》りて樹《き》に影《すがた》無し、看る時誰にか見えざる。見ゆるや見えざるや、倒《さかしま》に牛に騎《の》って仏殿に入るを。

透関底の眼

垂示から始めていきたいと思います。「垂示に云く、世界を把定《おさえこ》んで、絲毫《けすじほど》も漏らさず。衆流《しゅる》を截断《たちき》って」、――「衆流」は「しゅうる」と読む人と「しゅる」と読む人がありますす。どちらでもよいと思います。「涓滴《ひとしずく》も存《のこ》さず」。ここまでを見てみたいと思います。

ここまでで、どんな公案を思い浮かべますか。こんな感じの公案が、これまで碧巌録に出てきませんでしたか。一番最初に、「世界」という言葉が出てきますね。世界に対する言葉は何ですか。私たちは分別を得意としますが、世界に対して何を置いたらよいでしょうか。現代風に言うと、自己ということですね。世界に対するものは、自己ということだと思います。

そうしますと、世界とはどういうことでしょうか。相対する言葉として自己をもってくるというところから、世界の意味はどのように取ったらいいでしょうか。世の中、と見ていただいたらよいと思います。世界と地球はどちらが古いかと言ったら、どちらでしょうか。明らかに古いのは地球だと言わざるを得ませんね。地球ができてから人間が登場するのは、人間が登場して世の中が築かれるまでにくらべると、長い時間が経っています。「世界を把定《おさえこ》んで絲毫《けすじほど》も漏らさず」、ここまでで碧巌のある則を思い出していただくといいのですが。これは雲門禅師の則です。「雲門、光明の在る有り」と表題にあります。雲門禅師に関係のある方で、思い出す方はいませんか。雪峰さんはどうでしょう。雪峰さんは雲門さんのお師匠さんに当たりますね。素晴らしいお弟子をいろいろと輩出したお方です。

その雪峰さんに「尽大地撮し来るに粟米粒《あわつぶ》の大きさの如し」とありましたね。これなどはまさに、この垂示にうってつけだと思います。尽大地を一掴みにした。粟米粒ほどの大きさで手のひらに乗っかってしまった、という公案でした。どういうわけか、米粒ほどの大きさで手に乗っかってしまった尽大地を、ふっと一息したら、どこかへ飛んでいってしまった、と言っていますね。そして鐘太鼓を叩いて全員集めて、総出で尽大地を探してこいと、こんな分かったような分からないような話をしているのです。碧巌第五則「雪峰尽大地」ですね。ひとつ振り返ってみてください。

「衆流《しゅる》を截断《たちき》って、涓滴《ひとしずく》も存《のこ》さず」いろいろな煩悩の流れを断ち切ってしまって、一滴も残さない。

続けて「口を開けば便ち錯《あやま》ち、擬議《おもいまど》えば即ち差《たが》う」。口を開いて、何か言おうとしたら、もうそれは的から外れているというのですね。これは不立文字の端的なものです。言葉で言い表しようがないということです。「擬議」は、「おもいまどえば」、と読ませていますが、口に出して言えないところをなんとか言おうとして、工夫する。それを擬議と表します。一、二秒、時間をください、答えてみますよ。けれども、思いまどうことも許さないということです。不立文字ですから、文字では言い得ないのだ。口に出した途端にだめだと。何とか言ってみます、ということも許さない、非常に厳しいところを挙げているのです。

「且道《さて》、作麼生《いかなる》か是れ透関底眼《みとおせるまなこ》」。しかし、口に出して表現できない、表現しようと工夫することすら間違いだという厳しい世界だけれども、そう言えるのはどうしてか。そこに、透関底の眼《まなこ》があるのだ、というのです。「みとおせるまなこ」と訳してあります。これがあるからこそ、こう言えるのだと、圜悟禅師は言っておられるのだと思います。透関底の眼が元にあって、「口を開けば便ち錯ち」とも言えるし、「擬議えば」千里の彼方に違ってしまう。こう言えるのだと。

その元になる透関底の眼《まなこ》とはどのような眼なのか。「試みに道《い》い看ん」。ここによい例を挙げるから、よく本則を参究して、どうか「透関底眼」というものを掴んでほしい。こう圜悟禅師は言っているのだと思います。

「人人、光明あり」

本則に進みます。この本則こそがいい例だと言ってくれています。これも手のつけようがないですね。雲門禅師という方は、先ほどの雪峰さまのお弟子さんです。生年月日ははっきりしていて、八六四年生~九四九年没です。臨済禅師が亡くなった頃にお生まれになりました。そして、九〇七年に唐が終わりましたから、唐末から五代にかけて生きた素晴らしいお坊さまです。

「挙す。雲門、垂語して云く」。あるとき雲門が垂語して言われた。「人人《にんにん》尽《ことごと》く光明の在る有り」。「人人」ですから、一人残らず尽く、一人の例外もなく、ということですね。光を発しているというのです。ありがたいことですね。見る人が見ると分かる。例えば自覚できていない私たちでも、臨済禅師や雲門禅師から見ると、光を発しているのだというわけです。そう言われても、その実感が持てないのが、悲しいながら衆生という生き物だと思います。

「看る時は見えず暗昏昏《あんこんこん》たり」。しかし、見ようとすると見えない、真っ黒だ。これはどのように解釈しますか。なぜ見えないのでしょうか。一人ひとりが、人間である限り、生きとし生けるものはみな、光り輝いているのですよね。その光が、世の中、全世界を照らすものを持っているのだけれども、それはお釈迦さまや祖師方が言ってくださることで、肝心の私たちはわけがわからない。暗昏昏だ、というのですね。これは、どう辻褄を合わせたらいいでしょうか。祖師方から見ると、一人残らず光を発している。そう言われても、我々衆生にはなかなか分からない。どこに光を発しているのだ、ということです。

「看」という言葉がありますね。この言葉で思いつくことはありませんか。何でもいいのですが、有名なのは臨済録の臨済禅師の言葉です。「赤肉団上に一無位の真人有り。常に汝等諸人の面門より出入す。未だ証拠せざる者は看よ看よ」と。

まさに、無位の真人を看よ、と言っているのです。それを、赤肉団上に看よと。赤肉団は、切れば血の出るこの身体ですから、まさに人人《にんにん》です。生きている限りみんな持っているのです。そこに形のない、眼には見えない、無位の真人を見つけ出せ、と言っているのです。それが「看よ看よ」です。ですから、形のないものを見ることができるかどうかが問われているのですね。

なかなか厳しいのです。赤肉団は形がありますから目に見えます。一人ひとり形があるということは、若干形が違う、違いがある。しかし無位の真人は形がない、平等だと思います。どなたにも平等に備わっている何ものかであるはずです。目に見えないからこそ、です。形を取ればそこに違いが生じる。しかし目に見えない無位の真人においては、まったく平等なのです。

仏教の特色はいろいろ挙げられますが、まず平等という思想です。無位の真人が見えてこそ、初めて仏教の世界に足を突っ込んだ、仏教の世界が動き始めたと言えると思います。ここは非常に大切なところだと思います。

そう言っておいて、「作麼生《いかなる》か是れ諸人の光明」。見ようとしたら見えなくなってしまう、その光明とは、一人ひとりが持っている光明、その輝きはいったい何なのか。

このように雲門禅師は長いこと尋ねたけれども、誰一人として答えるものがいなかったということです。そうして二十年くらいたってからでしょうか。誰も答えるものがいないので、「自ら代って云く」、自分が大衆に代わって言われた。「厨庫《ずく》、三門」。こう話された。

これもまた難しいですね。雲門宗は難しい言葉は一つも使っていませんが、雲門の心を捕まえようとすると、なかなか難しいのです。そして、分かってみると、実に見事に勘所を押さえている。「言句の妙」と言われますが、さすがだな、となるのですね。これが雲門宗の特色です。

「厨庫」というのは、お寺の台所です。三門は、寺の門です。さらに言えば、三つあるというのですね。一つは空門、一つが無相門、もう一つが無作門。お寺の台所であり、寺の三つの門だ、こういうのです。

そして、一言添えたというのです。「又た云く、好事は無きに如かず」。好事といえども、無いには及ばない。無いのが一番だ、と言われました。これもどのようなお氣持ちで添えたのか。どのように受け取ったらよろしいでしょうか。難しいですね。雲門さまが登場すると、このように難しい公案になってしまいます。

次に、雪竇さんの見方をみましょう。頌を読んで少しでも雲門さんの心に迫れたら、と思います。これまたなかなか大変ですが、ポイントとなるところは、転句と結句が教えてくれますね。

「見ゆるや見えざるや、倒《さかしま》に牛に騎《の》って仏殿に入るを」。結局どうなのか、ということですね。見えるのか見えないのか、というわけです。もったいぶるなと。とどのつまり、見えるのか見えないのか。「倒に牛に騎って」ですから、背中に乗って牛の尻尾の方に面を向けて、それでいながら、「仏殿に入」っていくというわけです。これは何を言っているのでしょうか。

いままで勉強してきた言葉で言えば、どう言えばいいのでしょうか。逆さまに牛に乗って仏殿に入っていくとは、なんと表現したらよいのでしょうか。漢字一字でいけませんか。「妙」ですね。まことに不思議だ、というのです。さかしまに乗ってもちゃんと仏殿に入っていく。まことに妙だ、となりますね。

これで、肝心要のところは終わってしまったのですが、物足りないと思いますので、この則を祖師方はどのような提唱をされているのか、一つ、二つの例を取り上げて述べてみたいと思います。

「厨庫、三門」——諸法実相

ある祖師です。本則の「雲門、垂語して云く、人人《にんにん》尽《ことごと》く光明の在る有り。看る時は見えず暗昏昏《あんこんこん》たり。作麼生《いかなる》か是れ諸人の光明。自ら代《かわ》って云く、厨庫《ずく》、三門。又た云く、好《こう》事《ず》は無きに如《し》かず」について。

「一人ひとりが尽く光明を持っておる。全世界を照らしていく立派な光を持っている。煩悩妄想を焼き尽くす光を持っている。そういう光で世界を見るのであるが、見ていると意識しなければ、見ないと同じことだ。暗昏昏、真っ暗だ。そういう光明をみなが持っておるが、いったいその光明とは何か。生まれた時からみなが持っておる、その光明とは何か。

こういって雲門大師はみなに示された。二十年示されたけれども、誰も返事をする人がなかったということである。

そこで自ら代わって言われた、「厨庫、三門」と。厨庫は庫裏だ。寺の中には、三門、仏殿、法堂、庫裏、浴室、東司、鐘楼がある。これが七堂だ。厨庫、三門は見たままだ。――七堂伽藍のうちの二つを上げたわけです。だから何でもよいのですね。――庫裏があって三門があるわい。これがみなを毎日照らしておる光明じゃ、と言われた。

道元禅師は中国から帰られた時、「便《すなわ》ち空手《くうしゅ》にして郷《ごう》に還《かえ》る。所以《ゆえ》に一毫《いちごう》も仏法なし。朝朝《ちょうちょう》、日は東に出で、夜夜《やや》、月は西に沈む。鶏《とり》は暁《あかつき》の五更《ごこう》に鳴き、三年一閏《いちじゅん》あり」といわれた。ありのままだ。一点の分別もなく、毎日見ておる三門と庫裏じゃ。雲門はそう答えられた」。

そこで、ちょっとこれは言いすぎたかな、と思って言われるのに、「好事は無きに如かず」と。どうしてこのように言われたのでしょうか。よいことには囚われますからね。ちょっといいことを言い過ぎたかな、ということではないですか。それを取っ払おうとして、よいことに囚われてはいけない、自分の言葉に囚われてはだめだ、という氣持ちでしょう。「よいこともないほうがいい。これは趙州の言葉である。趙州のところへやってきた僧が、一生懸命に仏殿で礼拝しておる。それを見て趙州、一棒して、――まず、一棒食らわせた、というのですね。よいことをしているんですよね。悪いことではないのに、一棒食らわせた。——何をしているのか、と。僧は、仏を礼しております。趙州和尚は、仏さまを拝んでどうするのだ。「仏を礼するもまた好事なり」。仏を拝むこともいいことじゃありませんか。すると趙州和尚は、「好事は無きに如かず」。よいこともないほうがいいわい。仏さまを拝もうという氣の起こらんほうが、はるかに立派だ。我が仏になったら拝むことはないではないか」。こう言っています。

自分が仏になることが大事だと。仏を拝むのもいいけれども、仏になることのほうがもっと大事ではないか。仏を拝んでいる、自分はいいことをしているのだと、そこに足踏みすることを嫌うわけです。それでは、「そこ止まりだ、と趙州が言われた。その言葉を、雲門が持ってきて言われたのである。三門と庫裏、たったそれだけでも言いすぎだったかな、と雲門がそう言われたのである」。

そういうことですね。みなさんに、「ここに幸あり」というパンフレットをお配りしたと思います。何か感想を言っていただけませんか。どうして「ここに幸あり」を持ち出したかと言いますと、そのタイトルが「ここに幸あり、白い雲」でしたね。白い雲というのが、まさに形のあるものですね。いかがでしょうか。そこで、ここに引き出したのです。お読みになっていかがでしたか。

臨済禅師が言いますね。きわめて肝心要のところを言挙げしています。言葉に出して言っているのです。「展ぶるときんば乾坤に弥綸し、収むるときんば糸髪も立たず」。その「収むるときんば」に、白い雲が当たります。白い雲、それだけになってしまう。こう、ぐうっと大きく持っていくと、天地万物がそれだ、というのですね。しかし小さくすると、白い雲、それだけに収まってしまう。でも逆に言えば、白い雲を大きくすれば天地いっぱいになる。この世の中を創っているありとあらゆるものになってしまう。諸法実相になってしまうのです。ですから、これはすごい白い雲です。膨らむと、諸法実相を展開する働きの元となる。これは通常の白い雲ではありませんね。そういうものだと思います。

「好事は無きに如かず」

圜悟禅師の下語もあわせて読んでみましょう。下語は著語とも言いますね。語を置いておられるわけです。野次を飛ばしていると見てもらったら、よいと思います。「雲門、垂語して云く、人人尽く光明の在る有り」。ここに「黒漆桶《こくしっつう》」と付けています。真っ黒けだ。漆桶の中に放り込まれたようなものだ。「真っ黒な漆桶じゃ。その光明は世界を把定して絲毫も漏らさん光明であるが、——行き届かないところはないのですね。諸法実相を生み出しているのですから。――それが照らして照らしたことも意識せんから、照らさんのも同じことだ」。照らして、照らしたことも思わない。その両方があるのですね。これが一つの大事なことだと思います。反対のことです。反対のことが一つになっているのです。照らしたとも言えるし、照らさないとも言える。正反対のことが同時に言えてこそ、そこに何かがあると言えるわけですね。

さらに、「作麼生か是れ諸人の光明」に下語して、「山は是れ山、水は是れ水。漆桶裏《しっつうり》に黒汁《こくじゅう》を洗う」と。「山は是れ山、水は是れ水」は、当たり前の世界ですね。これは私たちにも分かります。誰もが納得する世界です。それと同時に、「漆桶裏に黒汁を洗う」とも言えるということです。

「山は是れ山、水は是れ水。当たり前だ。光明とは、世界をありのままに認め、受け取っていくことだ。山は是れ山、川は是れ川。花は紅、柳は緑ということも、当たり前だから意識せんはずである。漆桶裏に黒汁を洗う。漆桶の中で墨汁を洗うようなものだ。真っ黒けのけだ」と言っています。意識しないところを、「漆桶裏に黒汁を洗う」と。

「厨庫、三門」に下語を付けて、「老婆心切。葛藤《ごんくろう》を打して什麼《なに》か作《せ》ん」と。「雲門、ちょっと親切が過ぎたぞ」、圜悟さんがそう野次っているというのですね。口を開いたらだめだ。不立文字だから、ものを言ったらだめじゃないか。一口言ったら、もう嘘じゃないか。

厨庫、三門。それも言いすぎだ。厨庫、三門が、なぜ光明か、当たり前じゃないか、というのですね。「そういう説明はいらんことじゃ」。「又た云く、好事は無きに如かず」に下語して、「自ら知る較《たが》えたること一半《なかば》なるを。猶《な》お些子《すこし》く較《たが》えり」。「雲門、氣付いたか」。圜悟さんの著語ですから、雲門禅師に向かって批判しているわけです。「言わん方がよかったのに。好事は無きに如かず、そうわかってこそ、真実の光明というものじゃ。よいこともないほうがいい。無事是貴人と臨済は言われたが、全世界を抱擁して、しかも煩悩妄想を断ち切ってしまえばいい」。「無事是貴人」だというのですが、ちょっとわからないですよね。伝統的に提唱はこういうやり方のようなのですが。

相反するものの一致

ここは何と言ったらよろしいでしょうか。先ほど、世界に対して自己を持ち出しましたね。分別から言えば、ですが。

公案体系で言いますと、三つでしたね。宋から日本に入ってきた頃の公案体系は三つで、最初は「理致」でしたね。この「理」は、二字熟語にすると、何になりますか。仏道というところを押さえれば、「道理」。道の理ですね。あるいは、仏法という押さえ方もありますね。すると「法理」という言葉が出ますね。道理と法理。もう一つ、なにか言葉が出てきませんか。私たちにとって、いちばん身近な言葉で、何がありますか。道理も法理も仏教の言葉ですが、もっと幅広く考えると、「論理」という言葉があるでしょう。論理というのは、学問の方の言葉ですね。

そこで、こういうことが言えると思います。先ほど、世界に対しては自己が反対概念だといいました。その相反するものが、一つだと言えるところに仏教がある、禅があると言えるのではないかと思うのです。論理的には、そんなばかなことがあるか、ということになりますが、論理の枠を突破して、相反するものが相反するままで一つだ、そういう世界を見つけ出していくのが我々の世界である。仏教に真理を求めていくものの立場なのだと言えると思います。

そして、それを見事に納得させるだけの力がある。それが、「妙」です。相反するものがそのままで一つ、などと、そんなばかなことがあるか、と言われそうですが、胸を張って言い切れるわけです。そして、周りの人に、なるほど、そうだな、と言わしめるだけのものを持っているのが、仏道であり、仏法であり、仏教である。こういうふうに思うのです。

しかしそれを、禅宗ではくどくどと説明しませんね。だから雲門大師は言いっぱなしで一切細かいことはおっしゃらない。おっしゃるのは、また別の世界です。くどくどと言ってくれるのは、哲学の世界だと思います。たとえば、西田幾多郎先生はどう言っているか。相反する概念が、相反するままで一つだ、というところをどのような表現で私たちに伝えようとしてくださっているか。「逆対応」ですね。逆対応という言葉で、相反するものが相反するままで一つだと表しています。まさに論理を使って、説明しようとしてくださっているのです。

雲門大師はそういうことを一切しません。言いっぱなしです。たまりかねてお弟子さんが、雲門禅師の話をわかろうとしたら、これだけのことは承知しておいてくれといって、三つのこと――「雲門の三句」を挙げています。それに対して論理を使って、もっと大勢の人にそこのところの呼吸を分からせようとしてくださっているのが、西田幾多郎先生のような方だと言えると思います。

そして、その例としては、どんなことを挙げたらいいか。例は一つに集約したほうがよいと思います。それがいつか紹介した、大燈国師と花園上皇の話です。そこに西田哲学がすっぽり入っています。それと同時に、禅の世界も入っています。ですから、ぜひ、それについては私も喋っていますので、碧巌の第八三則などを振り返って見てください。

もう一つ、これは誰が作ったのか作者は分かりませんが、よい句だと思うので紹介させてください。

打つ水に映りたもふや夏の月

「打つ水」ですから、夏の涼をとる打ち水ですね。これから客人がいらっしゃる、お茶の方でもありましょうか。「映りたもふや」と旧仮名遣いですから、明治時代の人かもしれません。いろんなことを思わせてくれる句ですね。これもある意味、短いからよいのですね。短い分、思いをいろいろと馳せることができます。西田先生のように論理をもってされると、ときに難しくなって、わけがわからなくなることもありますが。

「山は是れ山、川は是れ川」――禅の無数の玄旨

あらためて、「看る時は見えず暗昏昏たり」というのは、何かということですが、なりきる、ということですね。僧堂でよく、「なりきれ、なりきれ」といいます。まさになりきっている状態だと思います。だから見るとも言えるし、見ていないともいえる。ある時は見るという方で出る、ある時は見ないという方で出る。その主体性を秘めているということです。主体性が大事なのです。私たち一人ひとりの主体性が、なりきっているという

るのです。

ところから出てくるのです。両方あるということ。そういうところを、禅では主張してい

「苦労せい」というのはそこです。苦労していると、自ずから、知らず知らず主体性が付いてくるということです。それは個々違いますが、ある時はAと出て、ある時はBと出る。どちらにも出ていける主体性を持つこと。それが禅の秘訣だと思います。禅の秘訣を「玄《げん》旨《し》」といいます。玄は真っ黒というのでしょうか。そして何とも言葉で表現できない。そこから全てが生まれてくる、その元を玄旨というのだと思います。

禅の秘訣はそういったところにあるのです。こうだという一つの結論に持ってくるのではありません。その場その場に応じ、無数に玄旨は生まれてくる。こういうわけです。反対概念が反対概念のままで、そこに生きて宿っているということだと思います。

秋月龍珉先生は『一日一禅』を通して、何という言葉を使っていますか。大拙先生は「論理」、「即非の論理」という言葉を使っていますね。大拙先生はなんとか易しく伝えようとしていますから。もっともっと砕いて、古人が言わないことまで老婆心切に説いてくださっていますから、論理が出るのでしょうけれども、秋月先生は「一息に読め」と言っています。切らないで読め、というのです。一息に、と言います。

たとえば、「分別」と「無分別」を切らないで、「分別の無分別」と。秋月先生も禅の実

践の場におられる方ですから、やはりあまりくどくどと言いません。一息に読んでくれ、切り離すな、と言ってくれます。秋月先生は二足のわらじをはくと、ご自分で言っていますから、両方なのでしょうけれども。

「山は是れ山、水は是れ水」という言葉が出てきましたけれども、ある人が言っていますね。宋時代以降の方だと思いますが、名前が出てきません。

仏法に足を踏み入れますね。それはお釈迦さまの歩んだ道を辿ろうとするわけですから、意識してお釈迦さまのみ跡を慕って仏道に入る。ここで大事になってくるのは、お釈迦さまと同じ体験をするということなのですね。

その同じ体験が生まれる前はどのような世界だったか。それは「山は是れ山、水は是れ水」という世界だというわけです。

では、お釈迦さまと同じ体験が赤肉団上に生まれたらどうなるか。ここでは、即非の世界が展開するのですね。「山は是れ山に非ず、水は是れ水に非ず」という世界が展開するのです。

そして、もう一つ上の世界がありました。それは向上という世界です。向上の世界に入りますと、それがどうなるか。またもとに戻ってしまうのですね。ある意味、お釈迦さまと同じ体験をする前に戻るのです。「山は是れ山、川は是れ川」となるのです。しかし、一番最初の是と、向上の世界の是は、言葉は同じですが、体験としてはまるっきり違う体験ですね。そこが大事です。

そこで、それが単なるお悟り前の発言なのか、それとも向上底からの発言なのかは、どうやって見分けるのですか。それが今日出てきた透関底眼ということだと思います。透関底眼を本人が付けるしかないわけです。見る人が付けるしかない。透関底眼は「みとおせるまなこ」と読みましたね。これを付けるしかないのです。

「光り輝く玉」と「真っ黒な玉」と

私たちは世界を生きているわけですよね。現場を、現実を生きています。だから私たちの足をおいているのは現実なのです。そこを公案体系では機関で押さえます。機関の立場で生きている私たち。次々いろんな問題が起きてきますから、悩み、悶え苦しむわけですが、そのときに仏さまだったらどのように解決していくだろう。祖師方だったらどのような手を尽くされるだろうと思いますよね。

それがまず、理致として、求められるところです。仏さんが来て助けてくれるというのは悪いことではないですが、自分がまず、理致の世界に身をおいて、一人二役をやるわけです。理致の世界に目覚めて、その目覚めたところで、現実を生きたらどんな解決方法が出てくるか。そこがいちばん大事なところだと思います。

そして、みなさんはみなさんなりに、これまでに絶体絶命の四面楚歌の立場に置かれたことがあったに違いないと思います。そこをくぐり抜けてきたときに、こういう体験をしているのだと思うのです。決して、違う体験をしているのではないと思います。祖師方と同じ体験をしている。ただ祖師方ほどに、徹しているかどうかは分かりませんが、理の上では決して違わないと思います。

そこで、ご自分の体験を元に、碧巌録を読んでくだされぱいいと思うのです。そうすると、ああ、ここだ、自分が体験したのはここだ、と。自分の体験をぐうっと伸ばすと、ここまで来るのだという、そういう形で掴んでいただければよいのだと思います。

それが、碧巌録を読む一つの手だと思います。自分の体験から、人生の体験から、碧巌録に学んでいくという行き方があってしかるべきだと、私は思います。そうしますと、碧巌録というのは、すごい宝の蔵、宝庫だと思います。ぜひ、そういう読み方をしていってほしいわけです。

白隠さんは、四十二歳で大悟しています。これも以前お話したと思いますが、大悟の前の年に夢を見ているのです。夢にお母さまが現れて、紫の衣をくださったというわけです。受け取ってみると、両袖に何かが入っていて、重い。確かめてみると、片袖には、ここでいう「厨庫、三門」――磨き抜かれて光り輝く玉が入っていて、世界のありとあらゆるものを映し取っていた。もう一方の片袖にある玉は真っ黒で、何一つ映し出していない。これはいったいどういうことか。

そしてすぐ氣づいたというのですね。これは白隠さんなりの言い方ですが。そして白隠さんはどちらを尊しとしたかというと、真っ黒で何も映していないほうをよしとした。光り輝く磨き抜かれた玉よりも、何も映し出さない、真っ黒な底光りする玉を尊しとした。これはいったい何か。その翌年、見性しているのです。これは大いに関係があると思うのですが。

そして、いつかお話した大珠院。妙心寺の塔頭に大珠院というところがありますね。この住職をされていた盛永宗興老師が、見性された時のこと。お師匠さんに報告した。そのときにお師匠さんから「そこがスタートだ」と言われたそうです。見性したところがスタートなのだ。見性したところに座り込んではいかん、ということです。つまり、絶えず真っ黒な中から、本当の修行が始まるわけです。

だから、いい氣にならないのです。「おれは見性した」という、余計なものは持たない。

実際やっていくと、見性というものがかえって、足をそこに滞らせてしまう、一歩も動けなくさせてしまうような、そういう面が修行の上では出てきてしまうのです。魔境というのも、その一つだと思います。まさに、「好事は無きに如かず」です。

そのあたりを、白隠さんはいくぶん過剰に言ったのだと思います。真っ黒な、何も映していない玉のほうが、何億、何千億倍の値打ちがあるというのです。そうして、あくる年に大悟したといわれています。このように、全てが一つにつながっていくということだと思います。

そう思いまして、一つにつながる元には、いったい何があるのだろうか。そう思って、やっていただけましたら、ありがたいなと思います。

尽大地これ薬、いずれかこれ自己——第八七則「雲門薬病相治」

【垂示】垂示に云く、明眼《みょうげん》の漢に窠臼没《な》し。有る時は孤峰頂上にて草漫漫《やえむぐら》、有る時は闘市裏頭《さかりば》にて赤灑灑《すっぱだか》。忽若《もし》忿怒《いか》れる那吒《なた》とならば、三頭六臂を現《あらわ》し、忽若《もし》日面月面《にちめんがちめん》とならば、普摂《あまね》き慈光を放ち、一塵に一切身を現し、随類の人と為《な》って、泥に和し水に合《がっ》す。忽若《もし》向上《うえ》の竅《あな》を撥《ひら》著かば、仏眼も也《ま》た覷《み》ること著《え》ず。設使《たとい》千聖出頭し来たるも、也《ま》た須らく倒退三千里すべし。還《は》た同得同証の者有りや。試みに挙《こ》し看ん。

【本則】挙す。雲門《うんもん》、衆に示して云く、「薬病相治《やくびょうあいち》す。尽大地是れ薬。那箇《いずれ》か是れ自己」。

【頌】尽大地是れ薬、古今何ぞ太《はなは》だ錯《あやま》れる。門を閉《と》じて車を造らず、通途自《おの》ずから寥廓《りょうかく》たり。錯、錯。鼻孔遼天たるも亦た穿却《うが》たれたり。

明眼の人

圜悟禅師、宋時代の達人による垂示です。宋時代の達人が唐時代の達人をしっかりと見て取り、公案禅というのを創りました。

「垂示に云く、明眼《みょうげん》の漢に窠臼没《な》し」。「明眼の漢」はどういうことでしょうか。これと同じような言葉がありますね。漢は人物ですね。明眼の人とはどういう人でしょうか。例えば白隠さんは明眼の人といえますか。もちろん言えますね。白隠さんのお弟子さんでしょうか、おさつ婆さんという人がいますね。これは女性ですが、どうでしょうか。この人もなかなかの人物です。明眼の漢に当たると思います。

いわゆる、明るい眼を持った人。他の言葉では、見性ということですね。宋時代もそうだと思いますが、あまりにも見性ということが言われすぎたのでしょう。それで、その言葉を避けて「明眼の漢」と持ってきたのだと思います。「窠臼」は巣穴、穴。見性した人物には穴がないと言っているのです。たったこれだけの文字数で書かれています。ここで何を思われますか。

ラテン語を、ここに書いてもらいました。「コインキデンティア　オッポシトールム(coincidentia oppositorum)」と。これは、いわゆる「反対の一致」という。これが西洋哲学史上、ことあるごとに主張されたそうです。仏教も同じだと思います。反対のものの一致ということが、非常に大事になると思います。

哲学者の西田幾多郎先生が、「哲学史によく出てくる言葉であって」と言っておられます、「反対の一致というような意味である」と。反対の一致ということが、哲学史上ではよく持ち出されてきた。宗教もまた同じであるということだと思います。そうでないと、世界は一つであると言えませんね。宗教と哲学は断じて同じではありません。区別がありながらやはり、宗教と哲学も一つだというところがあって初めて、私たちは救われていくのではないかと思えてならないのです。

垂示の出初めの「明眼の漢に窠臼没し」の六文字だけを見ますと、皆さんがお唱えくださる『坐禅和讃』は「衆生本来仏なり」で始まりますが、その本来底を「性」というのだと思います。自性を己事究明して、自性を見極めた者にとっては、穴ぐらに落ち込んで抜け出せないようなことはないのだと言っているのですね。己事究明して、自性を徹見した人物は、何が起きても自由自在に対処できるということになるのではありませんか。穴ぐらに閉じ込められることはない、と言っているのですね。その例として、次に挙げるわけです。

「有る時は孤峰頂上にて」。孤峰の頂上に立つわけですから、今ここからは白い雲がたくさん見えますが、孤峰頂上というのは真っ青な青空ですね。そこにいながら、「草漫漫」、やえむぐら、と振ってあります。真っ青な青空しかないはずなのに、そこに草が満々と生い茂っているというのですね。こうなって初めて、「明眼の漢に窠臼没し」といえる、ということだと思います。

今度はその反対を行きます。「有る時は鬧市裏頭《さかりば》にて」。ある時は盛り場で一杯飲んでいながら、「赤灑灑」、すっぱだか、と振ってあります。真っ裸、何一つ身につけていないといいます。正反対のことですね。そうなって初めて、「明眼の漢に窠臼没し」ということが実現するのだというのです。

次はちょっと変わっています。「忽若《もし》忿怒《いか》れる那吒《なた》とならば」、憤怒の那吒太子となったならば、「三頭六臂を現し」、三頭六臂になって、この場に身を現じていく。

「忽若《もし》日面月面《にちめんがちめん》とならば」。これは「日面仏月面仏」の略ですね。仏さまですから、「普摂《あまね》き慈光を放ち」と。そして「一塵に一切身を現し」、小さな一つの塵に一切の身を現す。観音さまのように、観音さまは三十三身でしょうから、他の三十二の体を現し、というようなことでしょう。「随類の人と為って」、――類は人類などの類ですね、類に従う人となって、「泥に和し水に合す」。泥まみれにもなるし、水まみれにもなる。

ここは、そういう反対のものが一つに転じたときのことを言っています。「忽若《もし》」が二つ続いていますね。ある時は孤峰頂上にて一面、四方八方、青空のみ。あるときは、盛り場で酒を飲んで、ワイワイガヤガヤ。しかしこれは、反対のものをただ組み合わせているだけではなくて、ある時は一方になりきるということを、「忽若」という例で言っているのですね。その自由さがあるのだということです。どちらにも出ていける自由さがある。その自由さが禅の値打ちなのです。一人ひとりの主体性が現れ出ないところに、本当の自由、本当の禅はない、ということになりますね。

ですから、あるときは那吒太子という明王になりきり、あるときは日面仏月面仏という仏さんになりきる。その場の状況によって、すうっと仏になり、明王になる。そういう自由を獲得してこそ、初めて禅である。お釈迦さまの仏法である。こうなっていくのだと思います。

「忽若向上《もしこうじょう》の竅《あな》を撥著《ひら》かば」。向上という、公案体系三つのうちの、向上の穴を開いてみると、そこを論ずれば、「仏眼も也た覰《まみ》ること著《え》ず」。仏さんの目をもってしても、わからんぞ。なぜならば、向上とは仏の上、という意味でもありますから。「設使《たとい》千聖出頭し来たるも」、千人もの聖者がお出ましくださっても、「也《ま》た須らく倒退三千里すべし」。もう三千里の彼方に引き下がるしかない。

「還《は》た同得同証の者有りや」。ここで紹介する雲門禅師と同得同証の者が誰かいるか。もしいたら、それこそが明眼の漢だぞ、という意味です。仏さんにも見えなかったものを見て取る人物だぞ。「試みに挙し看ん」。試しに雲門さまのいい例を挙げてみるから、しっかり見ていただきたい。こういう垂示です。

真実の自己とは

本則に進みます。「雲門《うんもん》、衆に示して云く、薬病相治《やくびょうあいち》す。尽大地是れ薬。那箇《いずれ》か是れ自己」と。

言葉としてわからないものはありませんが、どのようにつなげたらいいのか、わかりにくいですね。雲門さんは難しいですね。どこまで迫れるかわかりませんが、迫ってみたいと思います。

そこでここでは、雪竇さんの頌を先に読みましょう。「尽大地是れ薬、古今何ぞ太《はなは》だ錯《あやま》れる」。これは、この禅問答を取り上げた雪竇さんの氣持ちです。「尽大地是れ薬」と持ち出して、「古今何ぞ太だ錯れる」。これが大変誤って受け取られてきた、というのですね。雲門禅師が言ったそのこころを、しっかりと受け止めていない、ということだと思います。「門を閉《と》じて車を造らず、通途自《おの》ずから寥廓《りょうかく》たり」。これは当時の中国の法規というか、定めがわかっていないと分かりませんね。それはそれとしまして、こういうことを謳い上げて、「錯、錯」と言っています。「錯」が二つなので、両方とも間違いだと言っているのです。「鼻孔遼天たるも亦た穿却《うが》たれたり」と。

伝統的解釈を見てみましょう。「昔の中国では、道の幅も車の幅も決められており、それ以上大きな車を作ってはいかんことになっておった」。車の寸法が決められているのですから、「外で道の幅を調べんでも、門を閉じて、家の中で車をつくって、それを外へ持っていけば、ちゃんと道幅に合う」。そういうふうにできていたそうです。「そういう古い俗諺がある。門を閉じて車を作らずと。目を閉じ、耳を閉じ、口を閉じ、見ざる聞かざる言わざる。ただ座って無になればいい。我もなければ世界もない。無にさえなれば、雲門の言われる、尽大地是れ薬という言葉とレールが合うようになる。ピタリと一つになる。我々が無にさえなれば、尽大地是れ薬と、そのまま受け取れるようになる」。

これがまず一つの誤りだというのですね。それはいったいどういうことか。「そう解釈するのが誤りだというのである。それでは、自己はないではないか。直指人心見性成仏とはどこにあるか。仏とは自覚ということだ。何もないやつがどこに自覚があるか。無になっただけでは駄目だ。無になりきらねばならんが、その無になったやつが、お釈迦さまは明けの明星で無が破れた。香厳は青竹に瓦のかけらがカチッと当たる音を聞いて無が破れた。霊雲は桃の花を見て無が破れた。白隠は夜明けの鐘の音を聞いて、その無が破れた。呵呵大笑、手の舞い足の踏むところを知らざる大歓喜を得て初めて自己が分かるのである。それを見性というのだ。ただ無になっただけでは、大死一番死人になっただけだ。絶後に蘇ってこなければ悟りとは言えんではないか」。これは山田無文老師の提唱ですね。

「通途自ずから寥廓《りょうかく》たり」というところは、どのようにおっしゃっているか。「絶後に蘇ってそこに自己がはっきりと自覚されるならば、真実の自己が分かるならば」、――ここです。真実の自己が分かることが大事なのだ。真実の自己がわかれば、じっとしていられないはずだと言うのです。「大道長安に通るのだ」。大きな道が都の長安に通じて続いている。

「通途は大道だ。仏法の大道は自ずから寥廓、からりとして開けておる。自由自在だ。真実の自己が自覚されるならば、心法形無うして十方に通貫す。眼にあっては見るといい、耳にあっては聞くといい、鼻にあっては香をかぐといい、口にあっては談論し、手にあっては執捉し、足にあっては運奔すと、臨済さまの言われるとおりだ。そういう自由自在の働きがでてこなければならん。目を閉じ、口を閉じ、耳を閉じて、黙って坐っているのが禅だ、とそんなばかなことはない。自由自在、それが禅なのだ。

今この三界はみなこれ我が有なり。その中の衆生は尽く我が子なり。世界はわしの家だ。この中に暮らしておる人間は、みなわしの子どもだ。人間だけではない、馬も牛も、犬も猫も、魚も鳥も、蝶もトンボも、みなわしの子だ。虫一匹殺してくれるなと、そういう自由な世界が開けてこなければならぬ。行かんと要すれば行き、坐せんと要すれば坐す。そういう世界が開けてきて初めて、自己が分かるというものである。禅がわかるというものである。見性したと言えるのである」と続きます。

ここで「錯、錯」と二つ重ねていますね。ここからよく聞いてください。「いや、間違うな」と無文老師は言っています。「うっかり言えんぞ」。——これが「錯、錯」だと。「間違うとえらいことになる。本当の見性ならいいけれども、頭でわかったやつはだめだ」。どこでその言葉が出ているかを問題とするのですね。「鼻孔遼天たるも亦た穿却《うが》たれたり」と最後に言っています。「我こそ見性したぞ、おれこそ悟りが開けたぞ、天上天下唯我独尊と、白隠禅師ではないが、三百年来おれほど立派な悟りを開いたものはないだろう。鼻高々で飯山の正受老人にお目にかかったが、見事に正受老人に鼻をべし折られたではないか。あまり調子に乗っては駄目だ。下手な悟り自慢をすると、鼻に穴を開けられるぞ。そうして牛や馬のように引っ張り回されるぞ。雪竇が釘を刺しておられるのであろう」と、無文老師は言っています。一つの見方でしょうね。

禅の意外性――「芭蕉拄杖」の語

そして頌の評唱、最後のところ。評唱は圜悟禅師の言葉です。圜悟禅師というのは非常に鋭い頭を持っておられた方だと思います。「又た連忙《あわ》て却って道《い》う、錯、錯と」。二回、錯を繰り返していますね。「前頭《まえ》も也た錯、後頭《あと》も也た錯。誰か知る、雪竇一線の路を開くも、也た是れ錯なることを。既《すで》に鼻孔遼天なるに、為什麽《なにゆえ》にか也た穿却《うが》たる。会《え》せんと要《ほっ》すや。且《まず》は参ぜよ三十年」。こう言って、この次に本当に難しい公案が出てくるわけです。難透の公案が出てきます。

「你に拄杖子《つえ》有らば、我は你に拄杖子《つえ》を与えん。你若《も》し拄杖子《つえ》無くんば、人に鼻腔を穿却《うが》たるるを免れじ」と。これには元があって、本来は少し違うようです。「你に拄杖子有らば、我は你に拄杖子を与えん。你若し拄杖子無くんば、我你から拄杖子を奪わん」。芭蕉慧清の語に、こうあるそうです。こちらのほうがいいのですが、これはどういうことでしょうか。

これが今日のいちばん大事なところです。禅の意外性ということだと思うのです。ですから、まともに取り組むと、本当に正直者がばかを見るというところがあるのです。しかしそれが尊いのです。

ではどう尊いのか。一つの例で言ってみます。たとえば鈴木大拙先生とは対称的な行き方に、久松真一先生の禅というのがありますね。これこそ禅の本道を行くものだと思います。それに対して、鈴木先生はちょっと変わったところがあると思います。その本道をいく、まさに中国の禅と近い、中国の禅そのものを行じたといわれる久松真一先生ですが、「即今」といいますね。今、この場で何をしても駄目だと言われたらどうする、という公案を久松先生は作っておられます。少しでも動いたら駄目だ。叱られる。そうしたらどうしたらいいか。まさに、それが最後の「芭蕉拄杖」の公案だと思います。「芭蕉拄杖」の眼目とするところは、何を持ってきても駄目だ。そこにあるわけです。だから正直者はばかを見ます。一生懸命、苦労に苦労を重ねて、これこそ答えだと思って持っていくと、駄目だと言われる。しかし、それこそが答えなんです。駄目だということ。この呼吸が分かるということが、この公案の狙いどころです。

「酔うたら覚めねばならぬ」――霊性的自覚とは

大津櫪堂という方、無文老師の少し先輩で本格的な禅者ですが、この方がおっしゃったという、「酒を飲んだら酔わねばならぬ」。――「酔わねばならぬ」とはどういうことかというと、分別意識がなくなることですね。崩れること。酒を飲むことによって、しっかりとした分別意識が崩れ、良い悪いの判断ができなくなる。これは消極的な言い方ですが、そこが大事なのですね。分別意識が潰れ、無分別の世界が生まれる。無分別とは、自分が良い悪いを決めるのではなくて、自然に何かそこに出てくるということ。もっと自分を超えた大きな力が働いてくること。それを霊性的自覚というのですね。

本来の自分の力がそこに起きてきて、自分よがりの「良い悪い」が潰れ、そこに新しい意味での「良い悪い」ということが生まれてくるということだと思います。「酒を飲んだら酔わねばならぬ。酔うたら覚めねばならぬ」。そこに覚めた世界が生まれてくる、ということだと思います。

一度、自分よがりの良い悪いが潰れ、そこから自己の根源にある大きな力から湧いてくる、そういう「良し悪し」に目覚めるということ。それを、私は「大人の智慧」と言いたいわけです。子ども、赤子の智慧に対して、大人の智慧です。

ですから、良い悪いが潰れたところは、ある意味で赤子の智慧ですね。その赤子の智慧、仏教では、赤子として生まれてきたとき、お釈迦さまを通じて、天上天下唯我独尊と言わせているわけです。そこへ、今回出てきた雲門禅師をして「もし、わしがその場にいたら、そんなことを言うのは化物だ。一棒のもとに打ち殺して、犬の餌にしてやったものを」と悪態をつかせる。そういうことを言って、口でけなして心で褒める。口汚く罵りますが、心から、天上天下唯我独尊といったお釈迦さまの誕生に頭を下げる。そういう仔細を見て取らなくてはいけません。大人の覚めた目をつけることによって、それを見て取ることができるようになる。私にはそう思えてならないのです。

それには何が必要かというと、「この理、人人これあり」ということだと思います。大燈国師の言葉ですが、「億劫相別れて須臾も離れず、尽日相対して刹那も対せず。この理、人人これあり」という。これはなんの理かというと、論理の理だと言いたいですね。道理の理、法理の理と言わずに、論理の理と言いたいです。そういう、宗教臭さを離れた理。人として生まれた限り、この論理をみんな持っているという理。強い論理だと思います。それを大人の智慧として生かし、雲門禅師がどのように口汚く罵っても、その言葉の奥にあるこころをしっかりと見極める眼を産み出すことが大事だと思います。

それを、明眼の人、というのではありませんか。明るい眼の人。単なる見性底ではありません。もう一段深いところから湧いてくる眼です。大燈国師が、みんな持っているんだと言ってくれているのですから、私たち一人ひとりがその眼に目覚めなくてはならない。明眼に開かれなくてはならないと思えてならないわけです。

そうすれば、どんな事態が起こっても、そこを生き抜いていける、切り開いていける力が湧いてくると思うのです。それを臨済録の序では何と言っていますか。「妙応無方」と。どんな方角から打ってこられても絶妙に対処できる。そして、「朕跡も留めず」と続きます。その対応が終わったら、後に塵一つ残さない。いっぺんに消し去ってしまう。跡を消して、何一つ残さない。これをある意味で、達人の禅というのでしょうね。

唐時代の禅はそういう禅だったと思います。宋時代に生まれた達人たちは、どうしたら唐時代の自由自在に働ける禅僧ができるか、人間ができるかをよく見据えた上で、公案体系というものを創ってくれたのだと思います。大事なところは、一則一則（個）と公案体系（全）を噛み合わせることで行けるのだ、と掴んだのだと思います。ですから碧巌録をなんぼ読んでも、それだけでは駄目。公案体系は三つですが、どれだけ研究しても駄目。両方をだき合わせて勉強し、参究することによって初めて、よく掴むことができる。これが公案の秘訣だと私は思っています。

ですから、ある意味でたくさんの材料はいらないわけです。「億劫相別れて須臾も離れず、尽日相対して刹那も対せず。この理、人人これあり」。大燈国師のこれさえわかっていただけたら、それでいい。逆にどんなにたくさんのことがわかっても、大燈国師のこの言葉がわからなければ、それは駄目だ。大燈国師のこの言葉だけでいい、それほど値打ちのある言葉だと思います。

「妙」は「大用」

最後にもう一度、本則に戻りましょう。つまるところ、「尽大地是れ薬」とはどういうことかといえば、「那箇《いずれ》か是れ自己」という、その自己もかたずけて初めて、ということではないですか。片方が良くて片方が悪いということではない。「薬病相治す」でしょう。薬と病の両方がぶつかって初めて、病がなくなるわけですね。だから、病を持っているのは、誰ですか。自己ですね。ですから、その自己もなくさなければならない、というわけです。自分がいいと思っては駄目だぞ、ということではありませんか。

自己というのは形のあるものですね。病という形になって現れてきますね。それに対して薬を用いる。薬には毒性がありますね。だから健康な人に薬を飲めとは、普通は言いませんね。病氣になって初めて薬を飲む。ですからある意味で、毒性を持っている薬の方が、どうでしょうか。ともかく、形のあるものを通しての修行ということですね。

我々にとって、現実が大切ということがありますが、たとえばテレビドラマで、「事件は現場で起こっている」というのがありましたね。一方はそれに対して、会議室で司令を出している。会議室に集まって事件をどう処理するか話し合っている。しかし現場で働いている人たちは、「事件は現場で起こっているんだ、現場が大事なのだ」と言っている。どちらが大切なのかは分かりませんが、結局、つづめて言えばこういうことだと思います。

一方に現場があり、現場で第一線に立つ人と、会議室で指示を出す人と二つありますが、現場の人は現場の人間として最善を尽くす。会議室の人は会議室の人として最善を尽くす。するとこれは反対になりがちですが、必ずしもそうは限らないというのが大事なところです。両方がそれぞれの最善を尽くし、そして見事に一致するという世界を創ってこそ、初めて「反対の一致」ということがいえるのではないでしょうか。現場としての手加減をしようというのではないのです。会議室の方でも手加減するというのではないですね。両方が両方、精一杯働くことによって、不思議とそこに一つの世界を創り上げることができる。そういうことを「妙」というのではないでしょうか。

ここに妙が生まれるということだと思います。どういうことかというと、この二つが一つになるということです。誰が何と言おうと、そこに最善の結果が生まれるというのが、大事なことだと思います。

その一つとして大事になるのが、我々一人ひとりが覚めた眼を持つということです。大人の眼を、明眼を持つということです。しっかりした分別意識を持つという。現場から、「事件は会議室で起こっているのではない」、といわれるような分別意識ではなくて、もっとしっかりとした高次の分別意識を持てるようになることが大事なのではないか。それが大用、大きな働きということです。妙とは大用ということです。「大用現前、軌則を存せず」です。会議室だ、現場だ、そんな軌則など問題ではない、見事な解決策をそこに産み出すことができる。それこそが大事なのではないでしょうか。

何を持っていっても、駄目だ、駄目だ、というのは、そういう大用を生み出す元を、その人になんとか身につけてもらいたい、という心でしょう。その中で、その人が自然と自得していく。自得イコール自覚ですね。自ら悟っていく世界へ導かれるということ。それは一人ひとり、あり方は違うでしょうけれども。

「己事究明」という自己否定というのは、何か自分の力でないものが加わって初めて自己が否定されていく、ということだ思います。自然の力というのは、自分の力を遥かに超えている力でもありますが、私が主張する大人の智慧というのは、自分のうちにあるわけです。自己の主体性でもあるのですから。主体性というのはある意味で、もっと自由に使われますね。自由に使える主体性を、大いに発揮しているのが臨済録だと思います。だから非常に活溌溌地で面白い。読みだしたらやめられない、というのは、そこにあると思います。

公案を生きる――究極の世界へ

行き着くところは、どういうことかというと、「私があなたで、あなたが私」という世界ですね。臨済が黄檗で黄檗が臨済だ、という世界ですね。黄檗にちょっとこっちへ来いと。おまえさんのために一つ言ってやろうと。『無門関』第二則「百丈野狐」ですね。百丈がいうのですね。五百回、野狐の身になって生まれ変わったというのは、主体性がなくなったからですね。「おかげさまで、今日の説法を聞いて人間の身に返れました。どうか人間として葬ってください」と言って、狐の姿になり、洞窟かどこかに横たわっていた。

まあ、狐の死骸を見つけた百丈が一芝居打ったということなんですけれども、そんなことを言っていると、そこへ黄檗が出ていくわけでしょう。「お尋ねします」と。「誤って答えたために、先百丈は五百回生まれ直しても狐の身となりました。もし間違えずに、適切な答えを出していたら、いったいどうなったでしょうか」と聞くわけですね。

すると、「よしよし、出てこい」と。出てこい、というのは先百丈にでしょう。「そういう話はできなかったな、言い忘れた。その答えを、いま言ってやるから出てこい」というのですね。すると黄檗が出ていきます。で、百丈は何をするか、黄檗は分かっているわけですね。これは臨済なら一喝、徳山なら三十棒が飛んでくることが分かっている。承知して出ていって、百丈がそれを出す先に、自分のほうが一発、平手打ちを見舞うわけですね。その時、百丈が言った言葉がいいですね。

打たれることによって、黄檗がしっかりと、百丈が言いたいことを理解し掴んでいる、ということがわかるわけです。「赤ひげの達磨は自分ひとりだと思っていたら、ここにも、もう一人いたわい」ということで、証明するわけです。それは「私があなたで、あなたが私」という究極の世界があるからこそ、そういうことができるわけですね。そういう世界をもっともっと働かせていくことが、今の世の中では大事なのではないでしょうか。

あくまでも私たちはこの世の中に生きています。ここは世の中だと承知して、そこで本当に生きるために何が必要か。それに対して仏法ははっきりと、理致の世界だというのですね。仏の世界です。お釈迦さまが助けに来てくれるわけではありません。あなた自身が、理致の世界をしっかりと生きなさいと。

「理致の世界を、あなたの身体を使って生きていくこと。それが答えだ！」というのが、仏教の立場ですね。この現身《うつしみ》を通して、仏という目に見えない何者かを取り込んで、二つが一つになって生きていく。それが赤肉団と一無位の真人の関係でしょう。赤肉団を通じて一無位の真人を生きていく。

でも、それだけではないというのですね。その奥にもう一つ、向上の世界があるというのです。仏の上です。仏さんも、そこでは何もできなくなる世界があるというのですね。そこが仏教のとっておきの世界だと思います。加えて、禅はもっと端的なことが期待されていると思います。

端的ですから、一喝なり三十棒になってしまうのです。理屈は言わない。これだけでい い。まさに活溌溌地。でもそれだけではない。向上の世界を知ってくれたならば、そこに何があるか。仏が取れてしまう。すると普段の私たちしかないわけですね。それは平常心です。平常心が本当に「妙」だけれども、理致になっているというのが向上の世界です。「平常心是道」といいますが、ここに、その本当の意味があると思います。

新体道という新しい世界を切り開いた青木宏之先生が言っていますね。「臨済宗には公案というものがある」と。そこで言ってくれている通りだと思います。「現実というのは何が起こるかわからない。禅問答というのは、一見なにがなんだか分からないようだけれども、公案をしっかり見ることによって、何が起きてもそこを生き抜く力を与えてくれるのだ」。新体道という禅とは別の世界から、言ってくれているのです。

だから、全ては一つなんですよ。その一つのところをなんとか押さえてほしい。それには全体を見る眼が開けなくてはいけない。開くには公案体系です。三つで尽きているのですから、非常に便利です。この三つを通して全体を見る眼を創っていただき、一則一則とだき合わせていただくと、こういうことだったのかと、手に取るように分かる。そんな時が訪れると私は信じてやみません。

けれども、ここで終わり、という時はないと思います。経験などというものはどれだけ深まっていくか分かりません。どれだけ大きく広まるか分かりません。それは一生のことであるにしても、ともかくそういう形でいけると思います。なぜなら、公案というのはそれを千年近くやってきたのですから。それぞれの公案の中で、いろいろな人が創意工夫して、それを加えていっていると思うのですね。ですから公案を見ることによって、自分の体験がどういうものだったのか見極めていただきたい。そして深めていっていただきたい。ただそれだけを願うわけです。

一人でも多くの人が、お釈迦さまの仏法はいいものだ、達磨さんの禅はいいものだと思っていただけるように。それによって自分が救われるということが大事です。救われたところで、それを究めていく。掘り下げていく。広げていく。そうしていただけたらいいのではないかと思っております。言い足りませんが、今日はここまでとします。

玄沙の接物利生とは——第八八則「玄沙接物利生」

【垂示】垂示に云く、門庭の施設は、且《まず》は恁麼《さよう》に二を破して三と作《な》す。入理《にゅうり》の深談《じんだん》は、也《ま》た須是《すべか》らく七穿八穴すべし。当機敲点《こうてん》して、金鎖玄関を撃砕《うちくだ》く。令に拠って行い、直得《つい》に蹤《あと》を掃い跡《あと》を滅す。且道《さて》、誵訛什麼処《いずこ》にか在る。頂門の眼を具する者、請う試みに挙《こ》し看よ。

【本則】挙す。玄沙《げんしゃ》、衆に示して云く、「諸方の老宿は尽《ことごと》く道《い》う、接物利生《せつもつりしょう》と。忽《も》し三種の病人の来たるに遇わば、作麼生《いかに》か接せん。盲を患う者は、鎚《つい》を拈《と》り払《ほっす》を竪《た》つるも、他《かれ》又た見えず。聾を患う者は、語言三昧するも、他《かれ》又た聞こえず。唖を患う者は、伊《かれ》をして説《い》わしむるも、又た説《い》い得ず。且《さ》て作麼生《いかに》か接せん。若し此《これら》の人を接し得ずんば、仏法は霊験《れいげん》無し」と。

僧、雲門に請益《しんえき》す。雲門云く、「汝礼拝著《らいはいせよ》」。僧、礼拝して起《た》つ。雲門、杖を以て挃《つ》く。僧、退後《ひきさが》る。門云く、「汝は是れ盲を患わず」。復《ま》た喚《よ》ぶ、「近前《すす》み来たれ」。僧、近前《すすみい》づ。門云く、「汝は是れ聾を患わず」。門、乃ち云く、「還《は》た会《え》すや」。僧云く、「会せず」。門云く、「汝は是れ唖を患わず」。僧此《ここ》に於て省《さと》る有り。

【頌】盲聾瘖唖《もうろういんあ》、杳《よう》として機宜を絶す。天上天下、笑う堪《べ》し、悲しむ堪《べ》し。離婁《りろう》は正色を辯ぜず、師曠《しこう》は豈に玄糸《げんし》を識らんや。争《いかで》か如《し》かん虚窓《こそう》の下《もと》に独坐し、葉落ち花開いて自ずから時有るに。復《ま》た云く、「還《は》た会す也《や》無、無孔の鉄鎚」。

五段からなる垂示

垂示から入りましょう。一番若いというか、宋時代の圜悟禅師が、本則につなげてくださっています。「垂示に云く、門庭の施設は、且《まず》は恁麼《さよう》に二を破して三と作《な》す」。これが第一段です。

毎回言っていますが、これは外国語だと思っていただきたいのですね。日本語だとつながりが分かるのですが、中国語なので、ぽん、ぽんと切っている感じなのです。そこが難しいところだと思います。日本語と比べて、間の言葉が省略されています。そこを読み取るのが大変難しいと思います。

第二段は「入理《にゅうり》の深談《じんだん》は、也《ま》た須是《すべか》らく七穿八穴すべし」。第三段は、「当機敲点《こうてん》して、金鎖玄関を撃砕《うちくだ》く」。第四段は「令に拠って行い、直得《つい》に蹤《あと》を掃い跡《あと》を滅す」。最後の第五段が、「且道《さて》、諸訛什麼処《いずこ》にか在る。頂門の眼を具する者、請う試みに挙《こ》し看よ」。このように、五つに分かれると思います。

まず第一段の「門庭の施設は、且は恁麼に二を破して三と作す」。「二を破して三と作す」というのは、俗語で独特の意味があるそうです。注記にもありますが、「きまった型を打ちくだく。既存の図式をバラバラにする」、というような意味です。

直訳してみますと、「門庭の施設」は、お寺へ行ったときの状態を思い浮かべてください。まず門にたどり着きます。門から入ると庭があり、庭を見ながら玄関に案内されるというのが、ひとつのパターンだと思います。玄関という言葉も出てきますね、「金鎖玄関を撃砕く」と。金鎖の玄関にたどり着くまで、庭を眺めて歩くわけです。そこに、「且《まず》は恁麼《さよう》に二を破して三と作《な》す」と言われるところがあるのです。

ただ、これはわかりにくいですね。昔の方はどのような訳し方をしたかといいますと、祖師方のお一人はこのように訳しました。「破」という字に目をつけまして、「二を破して三と作す、は俗語で、日本語なら、無理算段をする。いろいろのやりくりをする、というところであろう」と。

その前に言葉を添えて、「門庭の施設」も、「それぞれ諸方の老宿方が、門を構え禅堂を開き、あるいは布教をし、それぞれの寺の経営をやっておられる」というふうに訳しておられます。そして、「二を破して三と作す」で、いろいろ寺が成り立つように工夫しているのだ。それぞれの寺はそれぞれのやりくりをやっておると、このように訳しております。

次に第二段、「入理《にゅうり》の深談《じんだん》は、也た須是《すべか》らく七穿八穴すべし」とあります。「入理の深談」は、注記に「理法に分け入った深奥な談義」とありますね。なんとなく意味は分かりますが、やはりいちばん大事なことは何かと言うと、私たちはどこにいるかということだと思います。言い方を変えますと、どこに立っているか。どこにいるのでしたか？　「今、ここ、われ」というところですね。そこで、一つになっていると言えると思います。

そして、それをもう一つ限定しますと、解決の方法を仏道に求めているということ。これが大事だと思います。お釈迦さまの歩いた道、それが仏道ですが、その道を自分もたどることによって、解決しようと思っているということ。それが大事だと思うのです。そしてそれが、大乗仏教として現にここに現れている、というところまで思わないといけないのではないでしょうか。

そのほか、道にはいろいろありますね。茶道も書道も剣道もそうでしょう。いろいろありますが、私たちはその解決を仏道に求め、大乗仏教に求めているのだ。そのように頭においていただきたいのです。

仏道に身心をおいている限り、それはどういうことになるか。まず、垂示に出てくる圜悟禅師の言葉で見ますと、第五段にある「頂門の眼を具する者」になると思います。頂門の眼を具するということが、要求されるわけです。これは私たちの宿命です。仏道に道を求めたからこそ、大乗仏教徒だからこそです。「頂門の眼を具する者」、それが入理です。言葉を変えると、どうなりますか。明眼《みょうげん》という言葉もありましたね。どうしたらその眼を具することができるか。

真の自由へ

ここで公案体系を持ち出します。なぜ公案体系かというと、全体を見渡す視野を持って初めて体系と言えるからです。公案の全体像があるわけです。ありがたいことに、三つに収めてくれています。白隠さんが後に七つから九つに増やしていますが、宋から日本に渡ってきたときには三つでしたから、それでやればいいと思います。

それは何かというと、まず第一の理致の世界を獲得しなさいということです。理致の世界に入りなさいということ。それが「入理の深談」です。深談とありますから、ある意味で、入理で尽きているともいえるのです。それがどこまで深く語られているか。それを、しっかりと捉まえてほしいというのだと思います。

深談ということまで含めて、その世界はどのようなものになるか。「也た須是らく七穿八穴すべし」。七穿八穴はどういう意味でしょう。七つに砕け八つに穴が空く、ですから滅茶苦茶ですが、「深談」とありますから、いい方にとらなくてはいけませんね。そうすると、滅茶苦茶な自由だ、ということです。深談に導かれ、自由ということになるのです。究極、何を求めるかというと、滅茶苦茶な自由のところに、禅の究極なるものをつかもうとしているのです。

「当機敲点《こうてん》して、金鎖玄関を撃砕《うちくだ》く」。そして、いよいよ玄関にたどり着いたわけです。その玄関は金の鎖で閉じられた、金の鍵をかけられた玄関。それを打ち砕くのだ、というのです。滅茶苦茶な自由ですから、金の鎖などものともせず、その玄関をこじ開けて中に入る。中には部屋がありますね。お堂、本堂、庫裏があります。そこに踏み込むのです。

そして、「令に拠って行い、直得に蹤《あと》を掃い跡《あと》を滅す」。これも難しいですね。「直得に」は、直接に、という意味。「直下」という言葉もありますね。これが禅の特色だと思います。みなさんが、禅になにか求めようとすることの一つは、ゴタゴタしたことを言わないというところがあるのではないでしょうか。端的にスポッと出してくれる。そこがよいと。「入理の深談」とありますが、「入理の深談なんて、あれこれまくしたてられたらたまらん」というところもあるわけですね。

「令に拠って行い」とありますが、この「令」は何と読みほぐしたらいいのでしょうね。良い意味でしょうか、悪い意味でしょうか。たとえば「真正の見解《けんげ》」という言葉がありますね。真は、まこと。正は、正しい。ですから、ここで「令」は正令、正しい令です。それによって行う。金鎖の玄関を打ち砕くのだけれども、それが正令でもあるのだ。するとそこに、どんなことが起こるかというと、直下に、その場で見るべきものは見た、ということが起きるぞ。そして「蹤を掃い跡を滅す」。それだけでなく、終わった跡には何一つ残さないという、そういうことも起きてくるぞ。こうありますね。

すると、ここで一つの言葉が思い浮かばないでしょうか。臨済録の序にある言葉です。「妙応無方、朕跡を留めず」。無方ですから、方角なし。どこから尋ねられても見事に応ずることができる。そして終わったら、もう塵一つ残さない。何一つ残さない。

それが正という位置だと思います。何が正しいか。妙応無方、朕跡を留めず、です。別の言葉で言えば、全体作用して事に当たって、終わったら塵一つ残さないで、いなくなる。姿を滅する。そういう世界が現れるぞ、というわけです。

そして最後の第五段、「且道《さて》、諳訛什麼処《いずこ》にか在る」。そのややこしい入り組みは、いったいどこにあるのか。「頂門の眼を具する者」、これは明眼を具する者と言い換えられます。「請う試みに挙《こ》し看よ」。

この「請う」は何を請うているのでしょうか。「拝請」などという言葉もありますが、ここでは何を請うているのでしょうか。これは本則への案内なのです。どうかこの本則をしっかり見てください、という意味でとっていただけたらよいと思います。本則への案内状です。「試みに挙し看よ」。「玄沙接物利生」という、まことにうってつけの本則がある。それを試しにここに挙げてみるから、どうかしっかり見てくださいよ、というのです。

「看よ」からは、どのようなことが思われますか。「看よ看よ」というのが臨済録にありますね。「未だ証拠せざる者は、看よ看よ」という臨済の言葉が出てきます。「赤肉団上に一無位の真人あり」と出てきますね。「未だ証拠せざる者」ですから、それを自覚できていないものは、という感じですね。私たちの赤肉団は、切れば血の出る身体。そこに、目に見えない一無位の真人というのが出入りしているのだということです。まだその自覚ができていないものは、「看よ看よ」と。それをしっかりと自覚してほしい。形のあるものを通して、形のないものをしっかりと自覚してほしい。こういうことですね。

「試みに挙し看よ」。ここで言えば、碧巌百則、手を変え品を変えて違うことを言っているようですが、同じことだなと思ってください。それが一つに重なるわけですよね。そうすると面白くなります。圜悟禅師の素晴らしさがわかるわけです。ここでは、あなたが明眼の人であることが、はっきり証拠立てられますよ、という「看よ看よ」です。このように見ていただきたいのです。碧巌録は同じことを繰り返しています。手を変え、品を変えて言っています。それを見破っていただきますと、本当に面白いことになってきます。

玄沙の「接物利生」

次に本則に入ります。

「挙す。玄沙、衆に示して云く、諸方の老宿は尽《ことごと》く道《い》う、接物利生《せつもつりしょう》と。忽《も》し三種の病人の来たるに遇わば、作麼生《いかに》か接せん」と。

さらに続けて「盲《もう》を患う者は、鎚《つい》を拈《と》り払《ほっす》を竪《た》つるも、他《かれ》又た見えず。聾《ろう》を患う者は、語言三昧するも、他《かれ》又た聞こえず。唖《あ》を患う者は、伊《かれ》をして説《い》わしむるも、又た説《い》い得ず。

ですね。キリスト教より厳しいのではないでしょうか。これができない限り、仏道とは言わせんぞ、ということです。

見ていきましょう。「挙す。玄沙、衆に示して云く」、ここまではいいですね。「諸方の老宿は尽く道う、接物利生と」。「老」にはよい意味がありますね。熟錬したご老人ということ。つまり、六十、七十は鼻たれ小僧という世界です。諸方、全国の老僧方は、みんなが言っている。「接物利生」ということを掲げている。物に接して生を利する、衆生を利するでしょうか。そういうことを口々に唱えていらっしゃる。

「忽《も》し三種の病人の来たるに遇わば」は、三種の病人がここにやってきたら。「作麼生《いかに》か接せん」。どう接するか。玄沙がこのように老僧方に突きつけた。真剣勝負です。

次にさらに具体的に言うのですね。「盲を患う者は」、目を患っている人は、「鎚《つい》を拈《と》り払《ほっ》を竪《た》つるも、他《かれ》又た見えず」。鎚を拈り払を竪てても、救えないぞ。なぜなら見えないのだから。では「聾を患う者は」どうか。「語言三昧するも、他《かれ》又た聞こえず」。老僧方が言語三昧になりきって、前後左右で説いてやっても聞こえないぞ。これも救いにはなりませんぜ、というのですね。「唖を患う者は、伊《かれ》をして説《い》わしむるも、又た説《い》い得ず」。こちらも同様だ。しゃべれないぞ、と。

そして、「且《さ》て作麼生《いかに》か接せん」。さあ、どう接してくれるのか。「若《も》し此《これら》の人を接し得ずんば、仏法は霊験《れいげん》無し」。こうピシャリと決めつけています。もしこの三種の病人たちを救うことができなければ、仏法に霊験はないぞと言っているのですね。

ここまでが本則の前半です。後半は雲門と修行僧のやりとりです。玄沙のところにいた一人の僧が、雲門禅師のところへ行くわけです。「僧、雲門に請益《しんえき》す」。ということは、玄沙に参じた上で、ということですね。今度は、雲門のところへ尋ねていった。「雲門云く、汝礼拝著《らいはいせよ》」。おまえさん、礼拝しなさい、と。これは自然に、すうっと言ったのでしょう。請益するときには、礼拝するというのが常識でもあったのかもしれません。だからそう言われた僧は「はい」というように、「僧、礼拝して起つ」。礼拝して立ちました、ということでしょう。

すると、「雲門、拄杖《しゅじょう》を以《もっ》て挃《つ》く」。手に持っていた拄杖で、ついてきたというわけです。「僧、退後《ひきさが》る」。僧は自ずと引き下がりました。すると「門云く、汝は是れ盲を患わず」。眼は患っていないな、と。杖が見えたから後ろにひきさがったのでしょう。「復《ま》た喚《よ》ぶ、近前《すす》み来たれ。僧、近前《すすみい》づ」。ちょっとこっちへ来なさいと呼ぶと、退いた僧がまた前に進み出た。著語で「第二杓の悪水澆《そそ》ぐ」と圜悟さんが言っていますね。「門云く、汝は是れ聾を患わず」。耳は聞こえるな、ということですね。「門、乃ち云く」、そこで雲門がいうことには、「還《は》た会《え》すや」。お分かりかな、と聞いたわけです。「僧云く、会せず」。いいえ、分かりません。「門云く、汝は是れ唖を患わず」。口が利けたじゃないか、ということですね。「僧此《ここ》に於《おい》て省《さと》る有り」。ここまで言われて初めて、少しは悟ったと。「省」ですから、少しは氣づくことがあったということです。

「無孔の鉄鎚」とは

頌を読みます。

「盲聾瘖唖《もうろういんあ》」、これはいいですね。三種の病人です。「杳《よう》として機宜を絶す」。これは注記に、「対応する手だてが断たれている」とあります。「機宜」は、対応する手立てがない、と言い切っていますが、直訳しますと、禅では「機」というのは、まだ外に出ていない働きをいいます。ということは、目に見えない働きの方ですね。「宜」は、よろしい、という字でもありますね。ですから、外に出たところ、外に形となって現れたところ。そこを私たちは見て、良いとか悪いとかを判断できる。

ところが、「杳として機宜を絶す」ですから、両方とも取り上げられてしまったという感じですね。目に見えない心の働きはもちろん、目に見える形に出たもの、例えば諸法実相というような、何もかも素晴らしい、そういう世界に通じていく、諸法実相に繋がる道も、杳として断ち切られてしまった。

「盲聾瘖唖」という人が現れたぞ。そうしたら、救う手立ては絶望的だぞ、というのですね。にもかかわらず、老僧方は「接物利生《せつもつりしょう》」だ、とおっしゃるけれども、いったいどう救ってくれるのだ、というわけですね。

「天上天下、笑う堪《べ》し、悲しむ堪《べ》し」。これは嘆いているのでしょうか。それだけではないでしょう。「天上天下」、上にも下にも。上の方は天、下は大地でしょうね。見上げれば限りなく宇宙まで続いていく「天上」、一方、具体的にしっかりと足をおいている地上の「天下」。そのどちらもあるのに、「笑う堪し、悲しむ堪し」。「ああ、ああ」ということですね。笑ったらよいのか、悲しんだらよいのか。いったいどうしたらよいのか。手立てがないなら、どうしたらよいのか。「杳として機宜を絶す」なら、どうしたらいいのか。

それを次は具体的に述べていますね。「離婁《りろう》は正色を弁ぜず」。離婁という非常に眼のいい人がいたのです。千里先の蟻まで見えたという、伝説上の人物です。そういう目のいい離婁ですら、「正色」――最初に言った「正」ですね。「妙応無方、朕跡を留めず」、その正です。その正をかぶせた正色は、まだ自分のものにできていない、というわけですね。

そういう離妻でも、正色を弁じたとはいわせぬぞ。

「師曠《しこう》は豈《あ》に玄糸《げんし》を識らんや」。師曠は、千里先の物音も聞こえたという、伝説上の音楽家です。そんな師曠でも、妙なる音色を出す、糸の玄なるところを知っているとは言わせないぞ、と。玄糸、おなじ「げんし」でも、「玄旨」というのもあります。宗旨の旨でもありますね。

「争か如《いかで》かん虚窓《こそう》の下に独坐《し》し、葉落ち花開いて自ずから時有るに」。「争か如かん」は、これ以上のものはない、ということです。次にくることを絶賛している言葉です。それは何か。「虚窓《こそう》の下に独坐し」。虚窓ですから、誰もいない部屋に一人座って、という感じですね。「葉落ち花開いて自ずから時有るに」。そうして、じっくりと坐り込むことが一番だ。そうすると、ある時は葉が落ちていく。秋でしょうか。春には花が開いていく。「自ずから時有るに」。そういう自然の力、人間の力を越えた大自然の力というものを、しみじみと感じ取ることができる。自覚することができる。それ以上に素晴らしいことは何もないぞ、と言ってくれているのだと思います。

そして、それでは終わっていませんね。「復《ま》た云く、還《はえ》た会す也無《や》」、さあどうかな、お分かりいただいたかな、というのですね。「無孔の鉄鎚」。鉄でできた槌ですね。けれども、穴が空いていない。重い槌だけれども、それを使おうとしても穴がないから持ち上げようがない、ということですね。これは何を言っているのでしょうか。「還《は》た会《え》す也《や》無」、お分かりかな。「無孔の鉄鎚」と。下手に訳さないほうがよいのかもしれませんが、祖師方は何と訳しておられるか。ひとつの訳を読み上げてみます。「その僧はわかったというが、なかなかこれが分かるまいな。無孔の鉄鎚、穴のない槌だ。柄をつげるわけにもいかん。槌は柄があってこそ使えるが、柄のない槌は使いようがない。ありのままの世界を見て、ありのままの世界を聞いて、ありのままに暮らしていけ、と言われるが、それがなかなか難しい。無孔の鉄鎚だ。どこから入ったら、ありのままになれるのか、どうすることがありのままか。これがなかなか難しい、と雪竇が謳っておられるのである」。これは無文老師の訳です。

玄沙と地蔵との問答

本則の評唱を読んでみたいと思います。

評唱を読むことで一層はっきりしてくると思います。雲門さんという方は、難しい言葉を全然使っていませんね。それだけに難しいのですね。言葉としては難しくない。それなのに手に負えない。非常に難しい宗旨なのです。

「評唱。玄沙、参じて情塵意想を絶し、浄躶躶赤灑灑地《きれいさっぱり》の処《きょうち》に到って、方《はじ》めて解《よ》く恁麼《かよう》に道《い》う」。どういうことでしょうね。玄沙という人は、こういう境涯が身についていたのですね。綺麗さっぱり、塵一つない境地から、このように言っているのである。

「是《こ》の時諸方、列刹《れっせつ》相望む。尋常《ひごろ》、衆に示して道《いわ》く、諸方の老宿は尽《ことごと》く道《い》う、接物利生《せつもつりしょう》と。忽《も》し三種の病人の来たるに遇わん時、作麼生《いかに》か接せん。盲を患う者は、鎚《つい》を拈《と》り払《ほっす》を竪《た》つるも、他《かれ》又た見えず。聾を患う者は、語言三昧するも、他《かれ》又た聞こえず。唖を患う者は、他《かれ》をして説《い》わしむるも、又た説《い》い得ず。且《さ》て作麼生《いかに》か接せん。若《も》し此《これら》の人を接し得ざれば、仏法には霊験《れいげん》無しと」。こう玄沙禅師は言われた。

「如今《いま》の人若《も》し盲聾瘖唖《もうろういんあ》の会《え》を作《な》さば、卒《つい》に摸索不著《さぐりあたらざ》らん。所以《ゆえ》に道《い》う、句中に死却すること莫《なか》れ、と。須《すべか》らく佗《か》の玄沙の意を会《え》して始めて得し」。玄沙の氣持ちがお分かりいただけるかな、ということですね。

続けます。「玄沙は常に此の語を以て人を接す」。尋ねてくる修行者みんなに、これをぶつけていたということですね。

「僧有り、久しく玄沙の処に在り」。すぐに質問をしたわけではないのですね。しばらく玄沙のところで修行していた。「一日、上堂す」。そこで初めて僧が問うのですね。「僧問う、和尚の云う三種病人の話、還《は》た学人《それがし》に道理を説くことを許さん也《や》無。玄沙云く、許す。

僧、便《すなわ》ち珍重《ちんしょう》して下がり去る。沙云く、是《ぜ》ならず、是ならず、と。這《こ》の僧、他《か》の玄沙の意を会得す」。これは評唱ですから、わかったから礼拝して退いたのだ、と言っているのでしょうね。「会得す」ですから、わかったから礼拝して退いたのだ、という取り方ですね。「後来《のち》に法眼《ほうげん》云く、我、地蔵和尚の這《こ》の僧の語を挙《とりあ》ぐるを聞いて、方《はじ》めて三種病人の話を会すと」。圜悟さんは一番若いですから、後のことが分かるのですね。一件落着した後で、後にあの法眼和尚、法眼宗を開いた方ですね。五家のうちの最後の方、法眼和尚がいうことに、私、つまり法眼に、地蔵和尚がこの話をしてくださった。それで初めて三種病人の話を会得することができた、と語っているということですね。

「若《も》し這《こ》の僧、会せず、と道《い》わば、法眼は為什麼《なにゆえ》にか却って恁麼《さよう》に道《い》う」。これは、法眼がそう言っている証拠だというのでしょうか。

「若《も》し他《かれ》、会す、と道わば、玄沙は為什麼《なにゆえ》にか却って、是ならず、是ならず、と道《い》う」。これはどう見ればよいのでしょう。言葉でとらえては駄目です。言葉にとらわれないところに禅があるのですから。

言い切れないところ、何と説いても説きえないところを見通しているところに、禅の特色はあるのですね。簡潔ということだと思います。「禅」という字は、「単を示す」と書きますね。そこが一つの魅力なのですね。滔々と説けるところを、直下に見通している。そこに禅の一つの特色があると思います。

「一日《あるひ》、地蔵道《いわ》く、某甲《それがし》聞く、和尚に三種病人の話有りと、是《ぜ》なり否《や》」。こう玄沙禅師に聞いたのですね。「沙云く、是なり」。あると答えたのでしょう。

「蔵云く、桂琛《けいちん》には現に眼耳鼻舌《げんにびぜつ》有り、和尚作麼生《いかに》か接せん』と」。地蔵桂琛ですね。私めには、現に眼もあれば耳もあれば、鼻もあれば舌もあります。この私にどう接せられますか。

これはどういうことですか。地蔵和尚が根本を突いたのだと思います。大事なのは、接物利生ですね。三種病人はともかく、眼もあれば耳もあれば、鼻もあれば舌もあります、この私にどう接していただけますか。接物利生ですから、それが大切なのですね。

「玄沙、便ち休《や》め去る」。そこで玄沙はもうやめてしまった。

「若《も》し玄沙の意を会得せば、豈《あ》に言句の上に在らんや。他《かれ》の会《え》する底《ところ》は自然に殊別《かくべつ》なり」。言句上に見て取ることはできないぞ、そこにはないぞということですね。言句は言葉を使うわけですね。言葉を使って接物利生している玄沙を見るべきですね。そこで「他《かれ》の会《え》する底《ところ》は自然に殊別《かくべつ》なり」。そんな言葉にはとらわれないところだ、というところでしょう。いかがですか。

同じか違うか——玄沙と雲門と

評唱の先へ進みます。「後に僧有り、雲門に挙似《しめ》す。門、便ち他《そ》の意を会して云く」。雲門は兄弟弟子でもありますから、すぐに玄沙の意図するところは飲み込めたということでしょう。

「汝、礼拝著《らいはいせよ》。僧、礼拝して起つ。門、杖を以て挃《つ》く。這《こ》の僧、退後《ひきさが》る。門云く、汝は是れ盲を患わずと。復た喚《ま》ぶ《よ》、近前《すす》み来たれ。僧、近前《すすみい》ず。門云く、汝は是れ聾を患うにあらず。乃ち云く、会すや。僧云く、会せず。門云く、汝は是れ唖を患うにあらずと。其の僧、此《ここ》に於て省《さと》る有り」。

続けて「当時若是箇《もしこ》の漢ならば、他《かれ》の礼拝著と道《い》うを等《ま》って、便ち与《ため》に禅床《ぜんしょう》を掀倒《くつがえ》さん」。この圜悟だったら、わしがこの僧の立場だったら、礼拝せよと言われたときに、立っていって禅床をひっくり返したものを、というわけです。

「豈《あ》に許多《おおく》の葛藤《ことば》あるを見んや」。必要ないのだということですね。「且道《さて》、雲門と玄沙と、会する処、是れ同じか是れ別か」。これはどうですか。とらわれてはいけないのですよ。

こういうときに便利な言葉があります。何でしたか。「全同全別」という言葉がありましたでしょう。何度も言っています。こういうときに、「ああ、あれだ」と思えると面白いのです。全く同じなのです。全く違うとも言えるのです。

「佗《か》の両人の会する処、都《すべ》て只だ一般《おなじ》なり。看よ佗《か》の古人出で来たりて、千万種の方便を作《な》すことを。意は鉤頭《つりばり》の上に在《さき》るに、多少《なん》と苦口《くどくど》し、只だ諸人をして各各《おのおの》此の一段の事《じ》を明らめしめんとするなり」。

ここで「事」は、「こと」ではなく「じ」と読んだほうがよいと思います。事理といいますね。事事無礙法界などということもありますから。「一段の事」を明らめるために、それぞれ方便を尽くしているけれども、究極のところではひとつなのだけれども、手段、方便においては、その人、その人のものがある、ということです。

「五祖老師云く」。圜悟禅師のお師匠さん、五祖法演禅師です。「一人は説《い》い得るも却って会《え》せず、一人は却って会すも説《い》い得ず。二人若《も》し来参せば」、ということは、一人のほうがいいのでしょうか。「如何《いかに》か他《それ》を辯得せん」。そうしたら、こんがらかるわけですね。二人が現れた。その二人は一つの言葉では辯得できないぞというのでしょうか。そうではないのでしょうか。結局、言葉ではないぞということを言っているのだと思います。

「若《も》し這《こ》の両人を辯じ得ずんば、管取《かならず》や人の為《ため》に粘《ねん》を解き縛《ばく》を去り得ざる在《なり》。若《も》し辯得せば、門に入るを見るや纔《いな》や、我便《すなわ》ち草鞋《わらじ》を著《つ》けて、你の肚裏《はらのうち》を走《ある》くこと幾遭《いくたび》もし了らん」。これが一瞥でも、これだけのことをしてしまうというのですね。相手を見通してしまう。「猶自省《なおさと》らずんば、什麽《いか》なる碗をか討《もと》め出で去らんと」。「且《まず》は盲聾瘖唖《もうろういんあ》の会《え》を作《な》すこと莫くんば好し。所以《ゆえ》に道《い》う、眼は色を見るも盲の如くに等しく、耳は声を聞くも聾の如くに等し、と。又た道《いわ》く、満眼に色を視《み》ず、満耳に声を聞かず。文殊は常に目に触れ、観音は耳根に塞《ふさが》る、と。這裏《ここ》に到って、眼に見るも盲の如くに相似、耳に聞くも聾の如くに相似たらば、方《はじ》めて能《よ》く玄沙の意と多きを争《たが》わず。諸人還《は》た盲聾瘖唖底漢子《もうろういんあのおとこ》の落処《かんどころ》を識るや。雪竇の頌を看取せよ」。

こうして頌になるわけですね。眼にいっぱい、耳にいっぱい。そこには、両方を越えた仔細があるのでしょうね。いわゆる、人間の力を超えたというものがあるのではありませんか。

「宗教の世界」を求めて

やはり、人間の力を超えたというところを証拠立てるものはなにか。それがひところ言われた、科学でもいいますね、なんというのでしょうか、素粒子とか、クオークとかあるのだと。そういう物理の世界は、人間の思うままにいかない世界ですね。そういうのを一つの証拠として持ち出そうと、それを物理学的弁証法と言って、真剣に科学の人たちはやっていったのだと思いますね。これによって、そういう世界があると証拠立てることができるのだと。「看よ看よ」と、証拠立てるために、「看よ」に自分をぶつけていったのだと思います。

でもそれはどうなのでしょうか。私たちがやろうと思ってできることではないですね。大自然の力ですから。たとえ証拠立てたとしても、証拠としてはっきり言えるとしても、それまでのことだと思います。宗教の世界というのは、まだそこに出てこないのではないかと思います。

では、宗教の世界とは、どういう世界か。物理的な証拠立てる世界は、それはそれとして置いておいて、自分たちができる世界に全力を上げるということに、やはり仏道独特の世界が展開されるのだと思います。それを最も喧伝しているのが臨済録だと思います。臨済録が本当に面白いのは、そういうところがあるからですね。もう一つ言えば、それは賓主互換の世界ですね。そこに眼を注いで、そこに自分の命をぶつけていくというのが、やはり仏道に解決を求めた我々のできることであると思えてならないのです。

大頌の「争《いかで》か如《し》かん」と述べられていたのは、大自然の力ですね。我々の力を圧倒する大自然の命の力をまずつかまえる。けれど、それで終わりではないのだ。それから、もうひとつ、人と人との関係です。人間関係というか人間同士のあり方に、大自然のその力をもとにして、何かができないか。それを今まで一番よくしているのが、臨済録だと思えてならないのです。

ただ、そのとき大事になるのが、やはり我が国の大燈国師の「億劫相別れて」云々という言葉だと思います。「この理、人人これあり」。理致の理、道理の理。この理を、人として生まれてきている我々はみんな持ち合わせているのだ、と言ってくれているのです。だから、それがいったい何か。己事究明を通して見つけ出していこうというのが、禅です。中国で生まれた祖師禅です。それはお釈迦さまの禅も含めてよいのですが、それをもう一つしっかりと受け止めたのが大燈国師で、そこにはたしかに日本化されたものがあると思います。

それをさらに白隠さんがもう一つ、日本化してくださった。一人残らず、みんな持っているということですから。それが唐時代の禅者とか、宋時代の達人、そして大燈国師といった人たちは、私たちを見て手に取るように分かるのでしょうね。私たちのありようというものを、一瞥のもとに踏破しているというようなものですね。

ですから、「聴法底」と言ってくれているのです。このように集まってくださっている中で、私、臨済の話を聞いてくださっているみなさん、――そこに臨済は見えるのでしょうね。見えるとは何かと言うと、そこに臨済の、一つの自覚があるわけですね。目に見えないものを見て取れるという自覚。働き、それをどうかみなさん一人残らず、獲得してください。自覚してください。

それを自覚できないと、困ったことが一つ起こるのです。単なる実用主義で終わってしまうのです。実際に役立てばよいのだ、ということで終わってしまうわけです。役に立つのは大いに結構ですが、単なる実用主義で終わってしまうと、――プラグマティズムというやつですね、そうすると本当に人間として生まれた喜びはわかりませんよ。そこで、やはり、宗教の出番だと思いますね。

そういうことを、この碧巌の終わり近くになって思うのです。残り少ないですが、禅のいいところが一則一則に全部出ている感じがしますね。それでいて、昔の森繁久彌でしたか、「銀座の雀」という映画がありました。昭和三十年代始めの映画、私は中学生くらいのときに見に行きましたが、そこで歌っていましたね。「後にゃなんにも残らない」と。果たして何も残らないのでしょうか。人間として生まれてきた充実感があって、そう言わせているのでしょうか。そのあたりが問題ですね。

通身これ手眼なり――第八九則「雲巌問道吾手眼」

【垂示】垂示に云く、通身是れ眼なるも見到らず、通身是れ耳なるも聞き及ばず、通身是れ口なるも説《い》い著《おお》せず、通身是れ心なるも鑑《かんが》み出《つく》せず。通身即ち且《さ》て止《お》き、忽若《もし》眼無くんば作麼生《いかに》か見ん、耳無くんば作麼生か聞かん、口無くんば作麼生か説《い》わん、心無くんば作麼生か鑑《かんが》みん。若《も》し箇裏《ここ》に向《お》いて一線《ひとすじ》の道を撥転《ひら》き得ば、便ち古仏と同参なり。参は則ち且《しばら》く止《お》く、且道《さて》、箇《こ》の什麼《いか》なる人にか参ぜん。

【本則】挙す。雲巌《うんがん》、道吾《どうご》に問う、「大悲菩薩は許多《あまた》の手眼を用いて、什麼《なに》をか作《な》す」。吾《ご》云く、「人の夜半に背手《うしろで》して枕子《まくら》を摸《さぐ》るが如し」。巌云く、「我会《え》せり」。吾云く、「汝作麼生《いかに》か会す」。巌云く、「偏身是れ手眼なり」。吾云く、「道《い》うことは即ち太《はなは》だ道《い》うも、只だ八成《はちわり》を道《い》い得たるのみ」。巌云く、「師兄《すひん》は作麼生《いかん》」。吾云く、「通身是れ手眼なり」。

【頌】偏身是か、通身是か。拈《とりあ》げ来たれば猶お十万里を較《へだ》つ。翅《はね》を展《ひろ》げて鵬騰《ほうとう》す六合の雲、風を搏《う》って鼓蕩《ことう》す四溟《しめい》の水。是れ何の埃《ちり》ぞ忽ちに生ず、那箇《なん》の毫釐《ほこり》ぞ未だ止《や》まざる。君見ずや、網珠、範《のり》を垂《た》れて影重重たるを、棒頭の手眼何《いずこ》よりか起《おこ》る。咄《とつ》。

般若心経を念頭に

この垂示をお読みになって、何を思い出しますか。般若心経ですね。般若心経を念頭においで読むと、ぐっと目安がつきます。

「垂示に云く、通身是れ眼なるも見到らず」。般若心経を心に置きますと、どういう意味でしょうか。「通身是れ耳なるも聞き及ばず、通身是れ口なるも説《い》い著《おお》せず、通身是れ心なるも鑑《かんが》み出《つく》せず」。これは同じことを言っていますね。般若心経のどこでしょうか。ここまでは、同じことを繰り返して言っていますから、ひとまとめになります。ここまでが垂示の第一段になります。

先に進んでみましょう。「通身即ち且《さ》て止《お》き」。通身は少し脇に置いておきましょう、といいます。そして今度は、言い方を変えています。「忽若《もし》眼無くんば」ときて、「作麼生《いかに》か見ん」。「耳無くんば作麼生か聞かん」。これは同じことですね。「口無くんば作麼生か説《い》わん、心無くんば作麼生か鑑《かんが》みん」。ここまではどうでしょうか。同じことですね。ここまでが第二段になります。

そしてあとを大きくとれば、残り二行は、第三段となります。「若《も》し箇裏《ここ》に向《お》いて一線《ひとすじ》の道を撥《ひら》転き得ば」。私たちが普段使う言葉でも、一線道《いっせんどう》という言葉がありますね。「便ち古仏と同参なり」と。もし、ここまで言ったことで、ある一つのことに氣づいたならば、古仏と同じ修行をしたことになるぞ、と言ってくれているのだと思います。

「参は則ち且《しばら》く止《お》く」、といっていますから、「参」つまり坐禅修行ということはちょっと置いておいて、「且《さ》て道《い》、箇《こ》の什麼《いか》なる人にか参ぜん」と。修行そのものを始める前に、誰に参じたらよいのか、それをしっかりと見極めるのが大事だと言っているのです。その人さえ見つけることができれば、もう修行は保証されているようなものだ、ということですね。宗門に、「三年学ばずして師を選べ」の口伝のあるゆえんです。これが八九則の垂示です。

仏教は弁証法

もう一度ふり返ってみますと、「垂示に云く、通身是れ眼なるも見到らず」は、どのように訳せばいいのでしょう。通身是れ眼だけれども、見到らず。目が届ききらないと言っているわけですね。これはどんなことを言っているのでしょうか。通身ですから、身体中ということです。身体中が眼であるにもかかわらず、見通せないところがある、というわけです。「通身是れ耳なるも聞き及ばず」、身体中が耳だけれども、聞こえないところがあるというわけです。「通身是れ口なるも説《い》い著《おお》せず」、身体中が口だけれども、まだ言い表せないところがある。これはいったいどんなことを言っているのでしょうか。「通身是れ心なるも」、身体中が心なのだけれども、「鑑《かんが》み出《つく》せず」。「鑑」は「鏡」です。映し出せないところがあるというのですね。いわゆる、宝鏡三昧だと思っていただいていいと思います。どうして宝鏡三昧といったかというと、六根は眼・耳・鼻・舌・身・意ですね。それに対して何が来ますか。六境ですね。色・声・香・味・触・法ですね。意つまり心に法が対するのですから、結局、法というのは、行き着くところは諸法実相という世界ですね。諸法実相だけれども、すべてが映し出されるわけではない、映しきれないところが残っているぞ、という感じになりませんか。法というのは、存在ですから、あらゆる存在を映し出せているとは言わさんぞ、という感じですね。

第二段では、「通身即ち且《さ》て止《お》き」、と方向を変えていますね。般若心経では、眼・耳・鼻・舌・身・意だと話しましたが、それが、無・眼・耳・鼻・舌・身・意となる。それを思い起こしてください。六根の一番最初は、眼でしたね。六境の最初は色でした。これは相対するものですね。眼が見るものは色です。「忽若《もし》眼無くんば作麼《いかに》生か見ん」とありますね。眼を否定したらどうなるでしょうか。やはり「色無くんば」ということになりますね。こうなると、どういうことが起こりますか。「無眼無色」となったら、この対立はどうなるでしょうか。無をかぶせると、同じものになります。これが弁証法と言われるところだと思います。無という否定を通すと、同じものになってしまう。

さらに、私たちの一番の関心事である「生き死に」について考えてみます。生き死には、「生死」と書きますね。生まれてから死ぬまでですから、それは人生です。迷いの人生などというわけです。盤珪さんに「不生の仏心」という言葉がありましたね。生死に不をかぶせますと、同じになってしまいます。否定を通して肯定へ、と言えそうですね。肯定とは、同じものになってしまうこと。これを弁証法というのです。

この弁証法というのは近代になってから流行りました。仏教もそれに漏れず、弁証法を使っているのですが、仏教が使う弁証法は、弁証法に間違いありませんが、それだけでは意味を尽くせない何かがあるのだといわれてきています。いったいそれは何か。単に否定を通して肯定へ、と言うに尽きない何かがある。それが参究のしどころだと思います。

また元へ返りまして、あらためて「通身是れ眼なるも見到らず」は、何と訳せばいいでしょうか。よく見てみますと、もう一つ違いがありますね。眼があるというのは、見えることですね。ところが、次に出てくる「忽若《もし》眼無くんば作麼生《いかに》か見ん」は、眼がないから見ようがない、ということになりますね。眼があるのとないのは、だいぶ違いますね。

「通身是れ眼」というのは、直訳すれば身体中が眼だということ。これはどういうことでしょうか。もう少し踏み込んで訳しても大丈夫な氣がしますね。身体のことだけにとどまっているのでしょうか。もう少し出てもいいと思うのですよ。身体というのは目に見えるところ。身体中が眼だ。ここからが勝負のしどころです、言葉を離れなくてはいけないのです。不自由な言葉にとらわれないで、心の眼、心眼を開いて訳さなくてはならないところです。

「通身」というのは身体を超えて、宇宙いっぱいに満ち渡る、というところまで訳さないと、読み取れないと思います。ここが難しいところですね。しかしそれでも、見到らないところがある。こういうことになると思います。しかしここに、心経の教えの全てが出ているか否かはまだ分かりません。

以前に、千里の先まで見通せるような人がいる、というような話をしましたね。まさに「通身是れ眼なるも見到らず」です。千里の先で蟻が喧嘩している。その物音さえ聞き取るような、伝説上のすごい人物がいたけれども、心経の教えはただそれだけのことか、ということです。ここから宗教が始まるのだと思います。「通身是れ口なるも説《い》い著《おお》せず」。何を説いても説ける、人をうならせる、そういう素晴らしい人もいるけれども、仏教はそれに尽きるのか。それでは寂しい氣がしますね。

「若《も》し箇裏《ここ》に向《お》いて一線《ひとすじ》の道を撥転《ひら》き得ば、便ち古仏と同参なり」。ここまできて、一言も言わずにわかったという人物がいたら、それは古仏方と同じ修行ができたと言ってもいいぞといってくれているのです。

しかし「参は則ち且《しばら》く止《お》く、且道《さて》、箇《こ》の什麼《いか》なる人にか参ぜん」と。修行のことはしばらく置いておいて、そういうふうになるには、もうひとつ奥を見なくてはいけないというのですね。どのような人に参じたらよいのか。どのような人に参ずると、そのような修行ができるのか。ここに格好の例があるから、――「人」というのは道吾のことを言っています。道吾という素晴らしい人物が出てくるから、この道吾がどのように雲巌に対したかを見て取ってほしい、というのがこの垂示だと思います。

偏身か通身か――道吾と雲巌の問答

では、その道吾禅師が後輩の雲巌にどう対したか。本則を見てみます。一説には兄弟だったという説もあるこの二人について、読んでいきましょう。

「挙す。雲巌、道吾に問う」。弟の雲巌が道吾禅師に尋ねた。「大悲菩薩は許多《あまた》の手眼を用いて、什麽《なに》をか作《な》す」。大悲菩薩というのは、千の手があり、その手一つ一つに目を持っている。千手千眼の観音さまです。たくさんの手と目をもって、いったい何をしておられるのか。

これに対して、垂示を書いた圜悟禅師が下語を付けていますね。「当時《ただち》に好し本分の草料を与うるに」と。「本分の草料」というのは、臨済の喝、徳山の棒というものです。それが本分の草料ですから、自分がその場に居合わせたら、自分が道吾だったら、と圜悟さんは言います。そんなことを尋ねられたら、一発ぶん殴ってやったらよいと言っているのです。だからこれを道吾に対して振っているのでしたら、間違いなく一発殴れ、殴らなくては禅宗坊主の値打ちはないぞ、というような言葉を投げているわけです。

ところが、道吾禅師は殴ったりはしません。「吾《ご》云く、人の夜半に背手《うしろで》して枕子《まくら》を摸《さぐ》るが如し」。これは我々がよくやっていることです。真っ暗な中でも枕など探り当てられる。そんなものですね。「本分の草料」からみると、確かにまだるっこしい答えをしています。すると、それに対して雲巌禅師はどう答えたか。「巌云く、我会《え》せり」。わかった、と答えたのですね。そうすると、道吾禅師は「吾云く、汝作麼生《いかに》か会す」。いったいどうわかったのか、と聞き返します。兄弟だから情が濃いのかもしれませんが、なんともまだるっこしい問答が続くのです。そこに圜悟禅師が下語を付けています。「何ぞ更に問うことを労せん」と。こんな語も付けたくなります。

しかしまだ続きます。どうわかったかと問い詰められた雲巌禅師は言います。「巌云く、偏身是れ手眼なり」。答えたのはよいのですが、結局、「通身」を「偏身」と言っただけですね。これではわからないですね。なにかビシッと言ってほしいですね。「吾云く、道《い》うことは即ち太《はなは》だ道《い》うも、只だ八成《はちわり》を道《い》い得たるのみ」。八割方、言えただけだ、二割は残っていると言うのです。「八成底」という言葉があります。禅の修行の上で、大事了畢するのに二分方まだ残っている。その「八成」ですね。ここでは「はちわり」と、ふりがなを振っています。

すると「巌云く、師兄《すひん》は作麼生《いかん》」。兄貴はどうなんだ、というわけですね。「吾云く、通身是れ手眼なり」。ここで初めて、言い切ったわけです。道吾は、「偏身」を「通身」に変えただけですね。これが十割の答えだと言っているのですね。しかしそう言えるでしょうか。ここが問題ですね。

けれども、この場合はここがいいのだということです。なぜなら、道吾という人をみよ、というのですから。臨済や徳山なら、こんなまだるっこしい問答は抜きにして、叩いて放り出す。道吾・雲巌というのは、曹洞宗の流れですから、こういう形で納めていますが、ここに道吾の「為人度生《いにんどしょう》」という、衆生を度すという方便を、高く評価しているわけです。

唐時代には派閥門閥のような意識がなかったのだと思います。雲巌禅師はかつて、百丈のもとに修行に出されていました。そこで二十年間修行をするのですが、見性を許されないまま、帰ってくるのです。ある問答をしたときに、お師匠の薬山禅師が言ったのだと思いますが、「おまえは、あの百丈のもとで二十年間修行していながら、まだそんなことをしているのか」と、きつく叱られたと、そんなエピソードがあります。

ですから、この人と思ったら、江西湖南なんていう縄張り根性は抜きにして、これは、と思った人のところへ送るわけです。自分の弟子は自分で育てないのです。まず外へ出します。外で修行を終えるまで帰ってくるなと言って外へ放り出します。修行が終わって帰ってきて初めて、自分で育て始めるのです。

さて、いったいどこが道吾と雲巌の違いでしょうか。これが今日の大問題です。言葉をたどった上では、どこがどう違うかわからない。

「通身手眼」の意味するもの

頌の方に進んでみます。「偏身是《ぜ》か、通身是《ぜ》か」。偏身がよかったのか、通身に軍配を上げるべきか。「通身是れ手眼」といった兄貴の方に違いを見たのか。「拈《とりあ》げ来たれば猶《な》お十万里を較《へだ》つ」。そこを取り上げて論ずれば、そこにははっきりした違いがある。どこに違いを見るのでしょうね。これも騙されてはいけませんよ。果たして違いがあるのかないのか。

「翅《はね》を展げて鵬騰《ほうとう》す六合の雲」。鵬といえば、「巨人・大鵬・卵焼き」というのが私たちが若い頃に流行りました。誰でも好きなもの、のたとえでした。その大鵬が鵬です。「風を摶《う》って鼓蕩《ことう》す四溟《しめい》の水」。今日はここを中心に話したいと思います。「是れ何の埃《ちり》ぞ忽ちに生ず、那《なん》箇の毫釐《ほこり》ぞ未だ止《や》まざる。君見ずや、網珠、範《のり》を垂れて影重重たるを、棒頭の手眼何《いずこ》よりか起《おこ》る。咄《とつ》」。

この鵬のところをやってみましょう。伝統の祖師方はどのように訳しているか、一つの例を読ませていただきます。「『荘子』には、大鵬という鳥のことが書いてある。翼を広げると何千里という大きさで、一度羽を広げて飛び立つと、いっぺんに九万里を飛んでしまう。大鵬が羽を広げると、天地四方の雲がその羽のために何処かへ吹き飛ばされてしまい、その鵬が海上で羽を広げると、世界中の海が大波を立て、波乱万丈となる。そういう大きな鵬の話が『荘子』のなかにあるが、この五尺の身体が徧身是れ手眼だの、通身是れ手眼だの、そんな小さな観念ではだめだ」といっています。それに比べたら、この身体が徧身、通身などと、小さい、小さい。そんなもので収まるものではない。

「是れ何の埃《ちり》ぞ忽ちに生ず、那箇《なん》の毫釐《ほこり》ぞ未《や》だ止まざる。いやいや、その『荘子』の言っている大鵬の世界も、千手千眼の観音の目で見るならば、ちょっと埃が立ったようなもの」。大鵬の大きな世界でも、禅の世界からみればちょっと埃が舞い上がったようなものだというのですね。「大鵬が羽ばたいて世界中の海が波乱万丈だというが、それもほんの塵がうごいているようなものだ。そういう大きな眼が観音の千手千眼の眼でなくてはならんではないか」。

「君見ずや、網珠、範《のり》を垂れて影重重たるを。これは華厳経にある話である。帝釈天の御殿の周りには帝網という網が張られており、その網にいっぱい玉が飾ってある。その玉と玉とが映じあい、一つの玉の中に百千万の玉が映る。玉と玉とが映し合って、そこに限りのない美しい世界を展開しておる。一人ひとりの仏性に、百千万の仏性が映り、百千万の仏性に一人ひとりの仏性が映る。塵の中に世界が入り、世界の中に塵が入る。この世界は無限に通じ合っているのである。芥子須弥《けししゅみ》をいれ、須弥芥子を入れる。帝釈天の帝網の玉が互いに映じあって影重々だ。一々の微塵の中に無限の世界が含まれている。その個々が互いに照らし合って、そういう自由自在な世界が、観音千手千眼の世界だ。偏身是れ手眼だの、通身是れ手眼だの、そんな小さなところに尻を据えておってはいかんわい」。このように言っています。

こういう伝統の祖師方の提唱を聞いていると、最初の垂示の圜悟禅師はそこまで見通していたと思います。「通身是れ眼なるも見到らず」ですから、身体中ということを超えて、宇宙いっぱいを眼としても、ということだと思います。宇宙いっぱいに眼を広げても、眼の届かないところがあるぞと言っているのだと思います。

これに納得がいきますか。ぜひ納得してほしいのです。これが私たちの命の実際だと思います。通身ですから、身体という形のあるものを通して、宇宙の果までも見通せるようになったとしても、まだ眼の及ばないところがある。目に見えるものというのは、両親から与えられた身体です。身体を使って一生懸命に修行して、宇宙いっぱいに眼が開かれたとしても、まだ眼の届かないところがある。本当にそうだと思える人はしっかり生きている人だと言えると思います。心からそう言える人こそが、人間にとっていちばん大事なものを掴んでいる人ではないかと思います。

ですから、「見到らず」がいいのです。後は同じですね。この垂示の言葉をガラッと変えて、臨済禅師の言葉で言えば、「赤肉団上に一無位の真人あり」。赤肉団は親から生んでもらったこの身体ですね。ところが、一無位の真人というのはどうでしょうか。これは目に見えません。だから必ずしも親から生んでもらったとは言えない。そこで「父母未生以前本来の面目」などという公案が生まれるわけです。父母に作ってもらったものではないから、父母が生まれる前からあるやつ。「本来の面目」というのは、父母を否定しているものでもあります。だから弁証法でもありますね。否定を通して肯定する。そういうことを通して、本当に両親が生んでくれた赤肉団が生きるのですね。そこに、無位の真人が働く。無位の真人という目に見えないやつが働く。赤肉団から、目に見えない無位の真人を創り出す。

西田幾多郎先生がよく言われた言葉に、「作られたものから作るものへ」がありましたね。作られたもの、というのは赤肉団です。それをもとにして、そこにとどまらず、何かを作っていく。それが「作られたものから作るものへ」という転換です。ここに、父母に対する本当の恩返しがあるという感じですね。父母に限らず、私たちが生きているということは、周りの人に迷惑をかけていると思います。一人では生きられませんから。そういう人たちに対する恩返しでもあるのですね。「作られたものから作るものへ」というのは、そういうことです。

山岡鉄舟と正五典——剣の奥義

そこで少し話が飛びますが、一つご紹介したいことがあります。大森曹玄老師の『剣と禅』（春秋社）という本があります。いい本なので、座右の書物としていただけたらと思いますが、そこに書かれていることです。

山岡鉄舟に触れたところがあります。「鉄舟翁は、はじめ願翁に参じて以来」、——願翁というのは、三島の龍澤寺のお師家さんです。「無字を見ること十二年」、無字に参じたのですね。「箱根入湯の際これを徹証されたが、最後に滴水の許で」、——天龍寺の滴水禅師ですね。「『両刃鋒を交えて避くることを須いず、好手還って火裏の蓮に同じ、宛然として自ら衝天の氣あり』という、五位兼中至の頌を工夫すること三年にして桶底を脱した」。桶の底を抜いたというのですね。

「それと同時に、これまでは剣を構えると、眼の前に山のごとくに迫ってきた、剣の師・浅利又七郎の幻影も見えなくなった」。鉄舟翁は、浅利又七郎先生に対すると、手も足も出ないのですね。勝海舟に言われて江戸無血開城へ向けて命をかけて南洲翁に会いに行きますね。それは三十二、三歳のときだと思います。そういう離れ業をやっていながら、剣においては、この浅利先生に敵わなかったわけです。

なんとかして浅利先生と互角の勝負をしたいとがんばります。昼間は剣の錬習です。鬼鉄といわれた激しい稽古をした方ですから。そして夜は坐禅をして、心を錬るのです。よいところに来たなと思うと、すうっと目の前に浅利先生の幻が現れるのだそうです。すると、鉄舟翁は自分で言っているのが偉いと思いますが、へなへなっとなってしまうのだそうです。

ところが、ある時から浅利先生が出てこなくなった、というのです。「翁はこのことがあってから、自分の流名を一刀正伝無刀流とされたのであるが」、一刀流から無刀流に変えたというのです。「しかし古来から伝承した一刀流の奥義の太刀は、一点一画も改めず古法のままに残された。したがって、無刀流の太刀は一刀流そのままである。その一刀流の極意とされるものに、正五典というものがある。それが妙剣、絶妙剣、真剣、金翅鳥王剣、独妙剣。この五本の組太刀がそれである。この正五典は、いつの頃からか知らないが、鉄舟翁からではないかと思う。禅の五位に照応するものと解されている。私はこの正五典が見たくてみたくて、神戸まで行き、寺本武治先生にお願いして見せていただいた。五本の中の前三本は忘れたが、後の二本は今でも目を閉じると眼前に彷彿と映じてくる」。

寺本武治先生というのは剣道の達人。大森老師が前の三本は忘れた、というのは、自分もできるということだと思います。しかし、後の二本は今でも目をつぶると鮮やかに出てくる、ということは、自分にはできないということですね。大森老師に怒られるかもしれませんが、平たく言えばそういうことだと思います。自分ができれば忘れてしまうのです。まだだと思うから、今でも生き生きと彷彿としてくるのです。ですから、ここからが大事なところですね。

「金翅鳥王剣は、兼中至に当たるわけだが、これは両刃鋒を交えて避くることを須いず、好手還って火裏の蓮に同じ、宛然として自ら衝天の氣ありという猛烈な氣魄で、太刀を大上段に振りかぶって的に迫り、相手の太刀を撃ち落とし、一撃すると見るや再び大上段に冠ってサッと引き上げる。まさしく金翅鳥王が海龍をほふり、両刃鋒を交えて避くることを須いざる状が見える。もっとも感激に堪えないのは独妙剣。すなわち兼中到の一位である」。感激に堪えないのですから、もっとすごいというのですね。

「太刀を正眼に構えて、ジッと立っているところへ、敵がスッと出てきて面上を一撃するが、心も身も微動もしない。敵刀は当たらずそのまま我が前に落ち、敵は尾を巻いて去る」。何一つ動かないというのですね、それでいて、敵の刀は当たらない。当たらないだけでなく、自分の前に落ちて、尾を巻いて去る。「その退いてゆく敵に追い打ちをかけるでもなく、迫っていくでもない。依然として正眼のままジッと立っているだけである。これこそ正偏を絶して有無に落ちず、折合して炭裏に帰した閑古錐の姿であろう」。

伝説の大鵬と千手千眼の菩薩

そこでこれを、山田無文老師はどのように見ているか。天龍寺の室内にあるわけです。無文老師もそれを見ているのですが、無文老師が室内で、どのように見たかを、見ていただきたいと思います。迫力満点という氣がします。まあ聞いてみてください。

「翅《はね》を展げて鵬騰《ほうとう》す六合の雲、風を搏《う》って鼓蕩《ことう》す四溟《しめい》の水」というところ、「これは、雲巌や道吾の働きを述べたのではない。別の話である。大鵬が、海の龍を取って呑むときには、どうやって海の龍を呑み込むか」。その羽ばたきで波を立てるのだそうです。すると、「海が三千里に渡ってぱっと開く」。それほど大鵬の働きはすごいというのですね。「そこから海中の龍が現れる」。海水を跳ね上げるわけです。そうすると、海中に住んでいる龍の姿がそこに現れてくるというわけです。「それを大鵬が掴んで呑んでしまう」のだそうです。

「この勇壮な話の元は、『荘子』や華厳経にあるが、しかし観世音菩薩の千手千眼の眼から見たら、そんなことは、そこらに埃が上がったようなものだ」。大鵬が龍を海から掴みだして呑んでしまうなんていうのは、小さい、小さいというのですね。観音さまの千手千眼の方が大きいのだ。

「そういう限りなく偉大なものが、千手千眼でなければならぬ。全宇宙を見通し、全宇宙に手を差し伸べて、衆生済度していくものが、観音の千手千眼でなければならぬ」と言っています。ここに、宗教の出番というのが考えられると思います。これは室内に関しますから、あからさまに述べてはいないかもしれませんが、決して大鵬の話ではなく、目に見えない心の働きなのですね。父母未生以前から我々が持っている心の働きなのです。それが千手千眼であるというわけです。

ですから、たとえば北原白秋。素晴らしいいくつもの新鮮な詩を書いていますが、晩年、迷った時があるわけですね。糖尿病か何かを患い、目もほとんど見えなくなった。すると迷うわけです。生きてきたことを思い返して、これでよかったのかと。そして、唐招提寺へ鑑真和上を慕って会いに行くのです。盲目になっても日本へやってきた鑑真和上です。思いがけず、入り口のところで千手千眼観音菩薩にぶつかるわけです。もっともショッキングだったのは、千本の腕の中に、筆を持った手があったそうです。それを見て、白秋はどっと涙が溢れてやまなかった。自分の悩み、苦しみがいかにちっぽけだったか。千手のひとつが筆を持っている。それだけで救われてしまう。それを詠んだ歌があります。次に示します。

観音の千手の中に筆もたす　み手一つありき涙す我は

「圜悟底が是か、雪竇底が是か」——真実を観る眼

頌の最後のところ、「棒頭の手眼何《いずこ》よりか起る」。棒で殴ってやったらよかったのだと、さんざん悪態をついてきた圜悟禅師がそこに下語を付けていますね。

「咄」。何を言っているか、ということでしょうね。「賊過ぎし後に弓を張る」。遅いじゃないか。どうしてもっと早くそういうことを謳わなかったのか。「你を放《ゆる》し得ず」。圜悟禅師が、雪竇さん、わしはあんたを許すことはできない、遅すぎるというのです。「尽大地の人、氣を出だす処無し」。早くそう言ってくれれば、世界中の人がうんともすんとも言わなかった。ダラダラやっているから、問答に苦しんでいるんだ。

禅の場合は、どこまで本氣で言っているのか分かりません。それでも、よく言ってくださった、と言っているのかもしれませんし、道吾禅師のご苦労もよく分かると言っている

のかもしれません。

さらに下語を続けて「放得《ゆる》せば又た須らく棒を喫すべし」。もし手ぬるいことをしたら、わしはあんたをひっぱたくぞ。そう言って、「又た打って咄《とつ》して云く」と。そこで実際に棒で見台か何かを叩いたのでしょう。打って曰く、「まずい！」といった。その次が問題です。「且道《さて》、山僧底が是《ぜ》か、雪竇底が是《ぜ》か」。私が言っているのが正しいか、雪竇が言っているのが正しいか。

頌の一番最後に、「咄」と。これは雪竇禅師が言ったことです。それに対しても圜悟禅師は下語して、「三喝四喝の後、作麼生《いかん》」。三喝四喝と続いた後はどうなんだ、と語を付けています。

この八九則で大事なのは、雲巌と道吾の問答においては、文字面を見る限りはそれほど違いはありません。しかし、この下語の最後で言ってくれています、「三喝四喝」。わけが分からずに三喝四喝する場合もあります。偽の喝です。盲喝を食らわす場合もあります。「その後、作麼生《いかん》」。どうしようもありません。ひっぱたくしかないですね。

ですから、言葉をたどる限り、雲巌と道吾の間にはそれほど違いはないのですが、はっきりと違いはあるのです。その違いとは何でしょう。これをしっかり見て取ることが大事です。その違いを境涯というのです。目には見えない境涯の違いが大事なのです。言っていることはそれほど違わないけれども、それを言わせている心においては、断然と違いがある。それが見て取れないといけない。そういう一則だと思います。

西田幾多郎先生の文庫本が、最近二つ出ました。一冊は『西田幾多郎講演集』、もう一冊が『西田幾多郎書簡集』です。書簡集がとてもいいので、みなさん、ぜひ読んでほしいと思います。何がよいかというと、年代順に出ています。西田先生は昭和二十年に亡くなっています。私が昭和二十年に五歳でしたから、自分が生きていた時代だと思いますと、身にしみて読みたくなります。その頃、どうだったのか。西田先生はどのように世の中を見ていたのか。そしてそこから、いろんなことを教わった氣がするのです。講演集の方も、とてもいい本ですので、みなさん、ぜひ読んでください。

「白状底」という言葉があります。専門道場の室内によって取り方は違うかもしれませんが、このように考えていただいていいと思います。思わず知らず、本心を吐露すること、本心を出してしまうこと。「白状」ですから、自分の罪を白状することを、禅では本心を吐露することにかけたのですね。本当に、この書簡集を読みますと、西田先生の白状底の一句と言いたくなります。それほどのことが書いてあります。藤田正勝という京都大学の哲学の先生が作ってくれています。講演集の方は、上智大学の田中裕先生が編集しています。いずれも白状底ですね。

全集の日記に出てくるのですが、手紙、はがきでは語れないと、ぜひ面談して話したいと書いてあります。行き来も自由でなかった時代ですから、面談というのはなかなか難しかったのでしょうが、面談というのは不思議ですね。面と向かって、なかなか語れないことを語り合う。いまはコロナ禍ではありますが、「朋あり遠方より来る」ですね。

西田先生は『善の研究』を出してから、ずっと一貫して思考を重ねてきたわけでありますが、この書簡集の中にこう書いてあります。一顧だにされていないと。みんな、西田先生の考えをまともに取ってくれない。自分が考えているように取ってくれるものは一人もいない、と書いていています。何人かはいたはずですが、世人は自分の考えに一顧だにしないと書いてあります。それくらい難しい思想なのですが、それにしても、本当に先生の白状底の一句が随所に散らばっていますから、それを頼りにして読むと、西田先生の難解な本がずいぶん親しみやすくなると思います。紐解いていただけたら面白いと思います。

蚌、名月を含む――第九〇則「智門般若体」

【垂示】垂示に云く、声前《しょうぜん》の一句は、千聖《せんしょう》も伝えず。面前の一糸は、長時無間《むけん》なり。浄裸《じょうら》裸《ら》、赤灑灑《しゃくしゃしゃ》。頭は鬔鬆《ほうそう》、耳は卓朔《たくさく》。且道《さて》、作麼生《いかん》。試みに挙《こ》し看ん。

【本則】挙す。僧、智門《ちもん》に問う、「如何なるか是れ般若《はんにゃ》の体《たい》」。門云く、「蚌《ぼう》、名月を含む」。僧云く、「如何なるか是れ般若の用」。門云く、「兎子《とす》懐胎す」。

【頌】一片の虚凝《きょぎょう》、謂情《いじょう》を絶し、人天《にんでん》此れより空生《くうしょう》を見る。蚌《ぼう》、玄兎《げんと》を含む深深たる意、曾て禅家と戦争を作《おこ》す。

「声前の一句」

今日は大変難しいところになります。第九〇則ですが、垂示は本則に対する紹介ですね。本則につながる言葉を、圜悟克勤禅師がここで言ってくれているのです。

「垂示に云く、声前《しょうぜん》の一句は、千聖《せんしょう》も伝えず」。これはどんなふうに取ったらよいでしょうか。直訳すると、声になる前の一句は、ということですね。声になって初めて、形をとるわけですね。その前ですから、形がありません。ですから「声前の一句」は、形として出る前の一句と取ってはどうでしょうか。形になって外へ出れば、何とでも言えるかもしれないけれども、形がないのだから、これは「千聖も伝えず」、千人のお上人、賢いお方が千人集まってきても伝えることはできない。こうなるのではないでしょうか。

それに対して、次に何を言っているか。「面前の一糸は、長時無間《むけん》なり」。みなさんの目の前にある一本の細い糸は、「長時無間なり」。無間は無限だと、注記にありましたね。「面前の一糸」については、「目の前の一本の糸は、永遠に連なっている。この二句は大慧『正法眼蔵』上に挙げる羅山和尚の語。一糸は一思。この方が解り易い」と注記にあります。一糸ならば見えますね。ところが一思だと見えなくなりますから、これはややこしいことにもなりますね。「長時無間なり」。長時ですから、どれくらい長いか計り知れない無間。

「浄裸裸《じょうらら》、赤灑灑《しゃくしゃしゃ》。頭は鬔鬆《ほうそう》、耳は卓朔《たくさく》」。三字、三字で六字です。浄と赤で切って、「浄、裸裸」、「赤、灑灑」と読んでもいいでしょう。「頭は鬔鬆」、頭は髪を伸ばしっぱなし。「耳は卓朔」、耳は大きく抜きん出て立っている。外に反りだしている、という感じですね。頭はぼうぼうで、耳はそそり立っている。

「且道《さて》、作麼生《いかん》」。それはどんなことなのか。「試みに挙《こ》し看ん。」その一つのいい例をここに挙げてみるから、本則をよく見るように。

自覚ということ

ここは本当に難しいですね。碧巌もあと一〇則ほど。最後のところにかかっていますから、非常に内容の濃い則が続いていくのだと思います。

どこで挟んでいいか分かりませんが、この垂示を見る限り、「浄裸裸、赤灑灑」が大事だと思います。これは因縁がありまして、祖師方はどのように訳しているか。それを読んでみます。祖師方のお一人が、どのように訳しているか。

「声前《しょうぜん》の一句は、千聖《せんしょう》も伝えず」のところですが、「言葉に出せない一句、声に出す前の一句、真理そのもの。仏性そのもの。これは三世の諸仏、歴代の祖師も伝えることのできぬものである。めいめいが自分で悟らねばならんものである」。これはめいめいが悟らねばならないもので、どうしようもないのだ、というのです。「趙州の無字にしても、無というのは言葉であって、無というその心が分からねばならん。そのこころは言葉以前のものである」。この言葉以前のところをガッチリと掴まなくてはいけない。これを自覚というのですね。これが大切なのだというのです。厳しいですね、祖師が言うことは。

「面前の一糸は、長時無間《むけん》なり。浄裸《じょうら》裸《ら》、赤灑灑《しゃくしゃしゃ》」というところは、「無間は無限の意である」。無を付けてしまうと、どちらも同じになってしまうというのが禅宗の立場です。「間」と「限」は関係ない言葉ですが、否定の言葉を上に置くと、同じになってしまう。これが禅の見方だということを覚えておいていただきたい。このようなことを思う人はいませんよね。それは実際に、仏道の門を叩いてみて知ることなのですね。

ぜんぜん違うものが、無という否定語を上につけることで、どういうことか、同じになってしまうというのです。これが、西田幾多郎先生が言っている、「反対の一致」ということです。相反するもの、全然関係ないものが、無の一字をいただくことでつながってしまう、同じになってしまう。そういうところがあるのだということです。

「今現実に目の前にある石一個、花一本、そのままが諸法実相、時間を超越した真理である。これも、言葉で説明できるものではない。ただありのままである。一切の飾りを捨てて、素っ裸で」――これが「浄裸裸《じょうらら》、赤灑灑《しゃくしゃしゃ》」というところですね。「一切の言葉の表現を捨てて、ありのままの真理を見ていかなくてはならん」。言葉で飾り立て、言葉にとらわれることなく、ありのままの真理をみていかなくてはならないというのです。「ありのままの真理を見ていく心が、ありのままの心である。これは形ではない」。いわゆる、目に見えないものを、見えるようになっていかなくてはならない。それが自覚ということの意味だ、自覚が大切なのだということを、祖師は主張するわけです。

「頭は鬔鬆《ほうそう》、耳は卓朔《たくさく》。且《さ》道《て》、作麼生《いかん》。試みに挙《こ》し看ん」のところです。「寒山拾得ではないが、髪の毛はぼうぼうに伸び放題、ひげも伸び放題。毛だらけの頭から耳だけがピクピク立って出ておる。まことに不細工で見られん姿である。しかしその姿形は問題ではない。そこに自性を識得し」――「自性」ですから、自分本来のありさまを自覚することを求めているのですね。本来のありさまですから、目に見えない。これを目に見えるようにしろ、と要求してくるわけです。

さらに「仏性というものを自覚し」――本来のもの、自性の自覚というのは、「仏性」を自覚し、ということですね。我々は仏道に何かを求めているのですから。「真理が分かるならば、浄躶躶《じょうらら》、赤灑灑《しゃくしゃしゃ》だ。ヒッピー族に言わせたら」。この祖師の時代にはヒッピーが話題になっていたのですね。昭和四十年代だと思います。「頭の毛は伸びるのが当たり前だ。床屋へ行ったり、顔におしろいを塗ったりするほうがおかしいのだと言うであろう。いったいどちらが当たり前であるか。ここに面白い話があるから聞かっしゃい」。このような繋ぎをしていらっしゃいます。

「般若の体」とは

続いて本則に行ってみます。従来の見方というのは、どういう見方だったのか。それを一応知っていただき、それからみなさんの頭で思い巡らせていただくことが大事だと思います。

まず、祖師方の解釈をたどってみます。ある僧が、智門和尚に問うたのです。智門という和尚さんは、雲門宗の宗旨を継いだ祖師です。そして、この則を選び出し、頌を書いている雪竇の師匠でもあるわけです。智門和尚の法の上でのおじいさんに当たるのが、雲門禅師ということになります。

「その智門和尚にある僧が尋ねたのである。般若の実体はなんでござるか」。「体」を実体と訳していますね。「般若とは何か。摩訶般若波羅蜜多経と、みな毎日道場で読んでいる。般若は智慧だ。人々が生まれたときから持っておる智慧、空のわかる智慧だ。五蘊皆空とわかる智慧だ。何を見ても聞いても無だ。見ておるそいつが無、聞いておるそいつが無だ。そんなものに体があるかどうか。般若の智慧の実体はなんですか、と聞いたのだ。すると智門が答えて、はまぐりが名月に向けて口を開けたようなものだ」。

これはどんなことか。「これは昔から中国の伝説にあることである」。だから事実ではないのですね。しかし伝説として伝えられるのは、何かがあるからこそだと思います。書道でも、「伝小野道風」などと書いてありますと、小野道風の字ではない証拠だと言われますね。専門家がみると違う。けれども、そうしてまで残さなくてはならないのは、なぜなのか。

「合浦の浜辺へ行くと、はまぐりがたくさんある。日本でも春先になると、潮干狩りではまぐりを取りに行く。そのはまぐりが名月の晩に月に向かって口を開けると、そのはまぐりの中に月がやどり、真珠ができるというのである」。そういう伝説が伝わっているのですね。

「ちょうど名月の時節であったのかもしれぬ。智門和尚は、蚌《ぼう》、名月を含む、と答えた。はまぐりが浄躶躶《じょうらら》、赤灑灑《しゃくしゃしゃ》として口を開けているところへ、月の光がいっぱいになっておる。はまぐりと名月とが一体になって、ピタリと一つになり、そこに名月もなければ、はまぐりもない。明々皓々たる光があるばかりだ。どこに体があるか」。実体などどこにあるかというのですね。

「十方世界一枚の光だ」。光そのものは目に見えませんね。けれども、ほかのものを照らし出すのですね。「光がそのまま用きであり、体でなければならぬ。智門は古い諺をもって答えておるが、はまぐりにも名月にも用はない。お互いが自己を忘却し、肝心要なことは、はまぐりも名月もお互いに自分自身を忘れ果てて、お互いが自己を忘却し、我と天地が一枚に溶け合ったところ、我もなければ天地もないとなったところ、そういう境地を示しておられるのだ。やれ実相般若だとか、観照般若だとかいわれるが、照らす用きの中に体がある」。実相般若があるということでしょう。「体と用とは別ではないということを言われたのだ。僧は体を尋ねて質問しているのに、蚌《ぼう》、名月を含む、という般若の用きをもって答えているのである」。

以前にも触れましたが、大森曹玄老師の『剣と禅』の話を覚えていらっしゃるでしょうか。一刀流の極意に正五典、五本の組太刀というのがあって、その第四に、金翅鳥王剣があると。その金翅鳥王のことを解くことが大事だと思うのですね。どういうことかと言いますと、大森老師が書き残しているものをざっと引用してみます。

「金翅鳥王剣は、五位でいうと兼中至に当たるわけだが、これは両刃鋒を交えて避くるを須いず、好手還って火裏の蓮に同じ、宛然として自ら衝天の氣ありという猛烈な氣魄で、太刀を大上段に振りかぶって的に迫り、相手の太刀を撃ち落とし、一撃すると見るや再び大上段に冠ってサッと引き上げる。まさしく金翅鳥王が海龍をほふり、両刃鋒を交えて避くるを須いざる状が見える」とあります。

ここで、どうやって海龍を呼び寄せるかです。それは金翅鳥王が、迫っていくというのです。大海近くへ行って羽ばたく。海水を叩くと、海水が弾け飛び、海の中に隠れている海龍が出てくるそうです。水を弾かれるので出てこざるを得ない。出てくると、その海龍をくちばしと爪で捕まえて、ぐうっと空中高く持ち上げてさらっていく。その状態を、剣道で示してくれたわけです。これは凄まじいと思います。海龍は蛇ににらまれた蛙のように、何の抵抗もできずに、かっさらわれて餌食になってしまう。なんとも凄まじい氣迫をもって相対するわけですね。

ところが、それを知ってこの本則を読みますと、これは荒々しいことはなにもないのです。そこには何があるのでしょうか。大自然の妙理があるだけです。自然にそうなるわけですね。だからまたすごいと言える。金翅鳥王もすごいけれども、そんな荒々しいことをしないで、自然とそういうことが行われる、この則のほうがもっとすごいのだと思わざるを得ない。剣の上で、大森曹玄老師が高く評価した以上のものが、自然とここで実現しているのですから。

「般若の用」とは

本則に戻ります。僧がさらに、「如何なるか是れ般若の用」。それならば、般若の用きはいかがでござるか、と尋ねるわけですね。

すると、智門和尚いわく「兎子《とす》懐胎す」。「ウサギがお腹に子を宿した。これも中国の伝説である」。伝説だから事実ではないというのですね。「ウサギという獣は、メスばかりでオスはないと言われるが」、――これも伝説上の話ですね。「そのウサギが月夜の晩に月をじっと眺めていると子が宿るというのである」。

「僧が用きを尋ねたのに対して、智門和尚、今度は、兎子懐胎す、と体をもって答えているのである。般若の体とは別物ではない。体がそのまま用であり、用がそのまま体である。体を離れて用はなく、用を離れて体はない。こう答えられておるのである」。ですから、金翅鳥王のような荒々しい働きを示さずとも、大自然の力を借りて、同じことが出来上がるということですね。

「臨済禅師は心法形無うして十方に通貫す、目にあっては見るといい、耳にあっては聞くといい、鼻にあっては香をかぎ、口にあっては談論し、手にあっては手執し、足にあっては運奔す、と言われておる。お互いの心というものは形のないものであるが、目では見るという用きをし、耳では聞くという用きをする。鼻では匂いをかぎ、口ではお喋りをする。自由自在の用きをしていくのである。十方世界に弥綸し、自由自在の用きをする」が、そこにはなにもない。

「浄裸裸《じょうらら》、赤灑灑《しゃくしゃしゃ》だ。用きがそのまま心法で、心法がそのまま用きである。体と用とは一体でなくてはならぬ。それなのに、ことさらに般若の体を尋ね、般若の用を尋ねるという、その問いそのものに間違いがあるのだ」。

我々はこの問いのほうに本当のことがあるように思えますが、そうではないというのです。「智門禅師はそのことを指摘しておられるのである」。それはそれでいいのだということですね。そういうことを最後には言いたいと思うのですが。

般若の智慧

ここで本則の著語も見てみましょう。「僧、智門に問う、如何なるか是れ般若の体」の圜悟禅師の下語は、「通身影象無し。天下の人の舌頭《した》を坐断す。体を用いて什麼《なに》か作《せ》ん」と。

「通身影象無し。体中探しても影も形もないぞ。般若の実体など、体のどこを探しても出てこないぞ。どこを探してみても、心などは捉えようがない。般若の智慧は体中に行き渡ってはおるが、どこにその仏性があるか。体中を分析してみたって、どこにもありはせん。手にとって分かるか」。

さらに「天下の人の舌頭《した》を坐断す。その般若の体が何かといったって、お釈迦さまでも言えるものではない」。「体を用いて什麼《なに》か作《せ》ん。目にあっては見る用きが般若ではないか。ことさらに体を求めることはないではないか」。そこに仏法があるのだというのです。求めるのが間違いだと。

次に「門云く、蚌《ぼう》、名月を含む」の下語は、「光万象を呑むは即ち且《さ》て止《お》き、棒頭正眼の事は如何。曲は直を蔵《かく》さず。雪上に霜を加うること又《ま》た一重」。

「光万象を呑むは即ち且《さ》て止《お》き、棒頭正眼の事は如何。名月が森羅万象を照らしているのだから、はまぐりを照らすことは何も不思議なことはない。如何なるか是れ般若の体と問われたら、わしであったら棒で叩いてやるところであったのに」。

「曲は直を蔵《かく》さず。智門和尚、うまいことを言われたが、その言葉の中に真理はないぞ。

言葉が真理を盛るわけにはいかん。雪上に霜を加うること又《ま》た一重。その言葉の雪の上に、さらに霜を加えたようなものじゃ。般若の体というなにもないものを尋ねているのに、蚌《ぼう》、名月を含むという、なにもないもので答えているのである」。

山田無文老師が『碧巌物語』という本を書いていますので、ぜひ求めて見てください。小杉放庵という画家さんが挿絵をいくつか描いています。この中に、器を描いたものがあります。それをじっと見ている図があるのです。あれは何を見ているのでしょうね。器がありそこに花が添えられていれば、人は見るでしょうが、この器には何も盛っていない。それをじっと見ているのです。そうすると、そこには無限の味わいがあるのです。何も入れていないからこそ、無限の限りなき意があるのですね。花をいけるだけが器の力ではないですね。器そのものの力、何も挟み込まないところに、汲めども尽きぬ味わいを見る。そういう世界があるのではないかと思います。

その花とかなんとかは言葉だ、ということでしょうね。花など入れないほうが、かえってそこに無限の味わいをもって器そのものが見られるわけですね。汲めども尽きない見方ができるのではないでしょうか。ともかく、禅は決めつけないのです。これが真実だ、とはやらないのです。もし言うとしたら、これが真実の一つだ、とは言いますが、これが真実だとは決めつけない。だからまた、逆のことも言うのですね。

本則の最後、「門云く、兎子《とす》懐胎す」の下語は、「嶮。苦瓠《にがうり》は根に連《いた》るまで苦《にが》く、甜瓜《あまうり》は蔕《へた》に徹《いた》るまで甜《あま》し。光影の中に活計《くらし》を作《な》す。智門の巣窩を出でず。若し箇《こ》の出で来たるもの有らば、且道《さて》、是れ般若の体か是れ般若の用か。且《しばら》く要す土上に泥を加うることを」。「嶮」、危ない、という言葉を著語に下していますが、「あぶないぞ。ウサギが名月を見て子を宿すように、悟りが開けたら腹に般若が宿るなどと考えたら大変な間違いだぞ。智門の答えは人を惑わす。危ない、危ない」。「苦瓠《にがうり》は根に連《いた》るまで苦《にが》く、甜瓜《あまうり》は蔕《へた》に徹《いた》るまで甜《あま》し。ニガウリは根まで苦く、アマウリはヘタまで甘い、と昔から言われておるではないか。般若の智慧は、山に会っては山を生み出し、川に会っては川を生み出し、男に会っては男を生み出す。山は徹底高く、川は徹底流れ、花は徹底赤く、柳は徹底緑」、みんな用きは別々なのですね。「ありのままだ。なにもない般若の智慧が、自由に森羅万象を生み出していく。これが般若の用きではないか。智門の言葉について回ると、言葉の罠にはまってしまうぞ」。

そういうことなのだが、「智門の巣窩を出でず。若し箇《こ》の出で来たるもの有らば、以下の下語は福本にはない。個人が書き入れしておられる」と。別本には、この箇所の下語はないということです。けれども、「そういう言葉の罠にとらわれずに、堂々と用いて出るならば、是れ般若の体か是れ般若の用か。且《しばら》く要す土上に泥を加うることを。念には念を入れよということか。悟りはさらにその悟りを深めていかないといかんということであろうか」と言っておられます。

体と用とを分ければよいのではないのだ、ということですね。けれども、分けることも大切です。しかし、分けること以上に大切なことがあるということです。まさに、金翅鳥王の翼の力を借りずに、自然に大自然の力を借りて、難なく当たり前にそれを行うところに、禅門の向上のありがたさがあると思います。

当たり前ですから平常心です。ところがその平常心が当たり前ではない。金翅鳥王のことを思えば、当たり前ではないのです。当たり前ではないということがどこでわかるかというと、平常心是道。不思議とそれが道にかなっているということなのです。「大用現前、軌則を存ぜず」。もう、軌則などは取っ払っても、全然おかしなことが一つも起こらない。儒教にいう「矩を越えず」です。臨済録で言えば、「妙応無方」というところです。どこから打ち掛かられても見事に応対していくというような用きがあって、しかもそれが終わると全て忘れ、後に塵一つ残さない。そういう世界を現じていくのが禅の世界だと思います。

名月と一つになる

あとは独断氣味になりますが、頌のところをやってみたいと思います。

ここの解釈ですが、天龍僧堂の平田精耕老師から教わったのですが、「縁語」という言葉があるそうです。縁語とはどういうことか。

最初の「一片の虚凝《きょぎょう》、謂情《いじょう》を絶し」の、「一片の虚凝」は、お月さまの縁語なのだそうです。一片は「打成一片」の一片と思っていただければいいと思います。月と一つになる。そこから始まるわけです。一つにならなくては話になりません。「虚」はなにもないこと、「凝」は一つの塊です。その両方を、私たちとお月さんとで持ち合うわけです。だから、お月さまというのは決して他人事ではないのです。自分でもある。自分と縁の深いお月さま、という感じです。

「一片の虚凝《きょぎょう》」ですから、お月さんを仰ぎ見て、お月さんの光に照らされて、その光はなにもないと言えばなにもないのです。虚ですから、光があるだけ。光は、明るいだけ。目には見えないわけです。凝は一つの塊ですから、そこには何もないだけではなくて、あるといえばしっかりと内容のある何かが入っているわけです。その両方を兼ね備えているのがお月さまだというのです。お月さんと一つになるのですね。

するとそこでは「謂情《いじょう》を絶し」という事態が起こる。「謂」は言葉で表すということでしょう。「情」は感情、情緒。「絶し」ですから、言葉でも現しきれない。豊かな情緒をもってしても、現しきれない、及ばない。そういう一つの世界が生まれるわけですね。それが先ほど言った、何も盛っていない器をじっと見つめているさま。そこに見られる「妙」という世界だと思います。

「人天《にんでん》此れより空生《くうしょう》を見る」。人天ですから、六道輪廻する我々の世界の一番上と二番目、天人と人間。この「一片の虚凝、謂情を絶し」という世界が分かって初めて、須菩提尊者の存在が目に見えるようになると祖師方は訳しています。それはそれで、難癖のつけようがないところなのですが、そこで初めて、そういう経験を通して初めて、須菩提尊者の素晴らしさが目に見えるようになるのだ。須菩提尊者は、解空《げくう》第一といいますね、空に関しては十大弟子の中でナンバーワンだという、須菩提尊者の大きさが初めてわかる、見えてくる。

「蚌《ぼう》、玄兎《げんと》を含む深深たる意」。はまぐりが満月の光に照らされて、懐胎するウサギを含む、深い、深い意味合い。こう雪竇さんは謳っています。そして、「曾て禅家と戦争を作《おこ》す」。戦争は法の上での戦いです。法戦といいますね。金翅鳥王ではなくて、大自然の力を借りて大業を成したがごとく、この戦争もそういう戦争だと思います。そこを知ったら、ということでしょう。

「深深たる意」は深い深い意味合い。「玄旨」という語があります。仏教のいちばん大事な宗旨をいいます。玄旨がわかった、ということだと思います。わかったら、嬉しくて嬉しくて、じっとしていられない。誰かこれという人物を見つけたら、法戦をしたくてたまらなくなってしまう。それくらい、心が躍るわけです。それが、最後の二句だと思います。誰彼なく法戦をふっかけていくような氣持ちにさせられる。

だから、大事なのはじっとしていることではないのですね。働き尽《づ》くめに働かなくてはならんということだと思います。そして、終わったら綺麗さっぱり忘れてしまう。疲れも忘れてしまい、何もしなかったかのように。そういう一つの生き方を、体と用が一つというところで現しているのだと思います。

「全同全別」について

ここに、ロマン・ロラン全集の月報を持ってきました。そこに二人の人が書いています。一人は有名な詩人です。もうひとりは、山本安英という舞台女優さんです。築地小劇場というところを中心に活躍された方です。ですから舞台の上の人と、かたや詩人。フランスで勉強されたということですから、フランスの詩が多いのではないかと思いますが、やはり見ていると、共通のものがあるのです。全然畑が違うようですが、ふたりとも芸術家です。共通のものがお二人に感じられます。

ですから、私たちは一人ひとり職業は違うのですが、違うところがあると同時に、一つになるというところが感じられてならないのです。それを言葉で言えば、「全同全別」ということですね。全く同じだ。そして、全く違う。そういう表現ができるのではないかと思うのです。どういうことかというと、全く同じところもあれば、全く別のところもある。詩人と舞台俳優、これは全く別ですね、全別です。その全別を通して、全同のものが生まれるところに、本当の人間の力が成就するのではないかと思うのです。

それが「反対の一致」ということだと思います。これまでも、反対の一致について話をさせていただきましたが、反対なのだけれども、全然別であるけれども、一つにピタッと決まる時こそが、人間が本当に生きている喜びを感じられるところなのではないか。遠慮するのではなく、自分に徹してはたらく。それでいて、その人たちの力がピタリと一つになる。そういう世界を作り上げたい、実現したいと思うのです。ある意味で草の根ですが、そういうことが大事なのではないかと思うのです。

おかげで、碧巌録が残りわずかになりました。百則というのは全別ですね。一つ一つが別です。それに対して公案体系というのは、全同の方だと思います。法律で言えば、総論と各論。その両方をないまぜにしてやるのが近道と思います。

そして、私も前に書いたものを読み返してみましたが、同じことをくどくどと書いていますね。だから安心してください。すべて忘れても書き残していますから、読んでいただければいいのです。ぜひ、両方を使って、両方が一つになるところを、迫っていただきたいと思うのです。

禅で言うことは常識とは離れたことです。禅は、こういうところに氣をつけて参究してくださいよ、というところに独自の立場があると思います。参究するには、あくまでも己事究明ですから、皆さん一人一人の力を待つしかないのですが。その注意事項として、こういうことがありますから、ということを伝えているだけだということだと思います。

みなさんは生まれてきた時、ご両親のお腹の中から生まれた時に、すでに持っている。そこなんですから、外野からとやかく言う必要はないわけですね。そこから生きていただければいいと思います。そんなことを言うと、おれはそんなことでいいんだ、ということになりがちですね。それが危ないのだ、と言うのが私の役目だと思うのです。

それでいいと思っては駄目なのですよ、そこから本当の修行が始まるのですよ、というのが私の役目と思っていますので、いらんことを言いますが、どうか耳を傾けていただければ幸いです。

我に犀牛児を還し来たれ——第九一則「塩官犀牛扇子」

【垂示】垂示に云く、情を超え見を離れ、縛《ばく》を去り粘《ねん》を解き、向上の宗乗《しゅうじょう》を提起し、正《しょう》法眼蔵《ぼうげんぞう》を扶竪《おこ》すには、也《ま》た須《すべか》らく十方斉《ひと》しく応じ、八面玲瓏として、直《つい》に恁麼《さよう》なる田地《きょうち》に到るべし。且道《さて》、還《は》た同得同証、同死同生する底《もの》有りや。試みに挙《こ》し看ん。

【本則】挙す。塩官《えんかん》、一日《あるひ》、侍者を喚《よ》ぶ、「我が与《ため》に犀牛《さいぎゅう》の扇子を将《も》ち来たれ」。侍者云く、「扇子破れたり」。官云く、「扇子既に破れたれば、我に犀牛児を還《かえ》し来たれ」。侍者対《こた》うること無し。投子《とうす》云く、「将《ひ》き出《い》だすことを辞せざるも、恐らくは頭角全《まった》からざらん」。雪竇拈《とりあ》げて云く、「我は全からざる底《てい》の頭角を要《ほっ》す」。石霜《せきそう》云く、「若し和尚に還《かえ》さば即ち無からん」。雪竇拈げて云く、「犀牛児は猶お在り」。資福《しふく》、一円相を画《えが》き、中に一つの牛の字を書く。雪竇拈《とりあ》げて云く、「適来《さきほど》、為什麼《なにゆえ》にか将《ひ》き出ださざる」。保福《ほふく》云く、「和尚は年尊《たか》し、別に人に請《こ》えば好し」。雪竇拈《とりあ》げて云く、「惜しむべし、労して功無し」。

【頌】犀牛の扇子用うること多時《ひさし》、問著《といつめ》れば元来総《なんとみ》な知らず。限り無き清風と頭角と、尽《ことごと》く雲雨と同《とも》に去って追い難し。

「情を超え見を離れ」

第九一則に入ります。碧巌録巻第十、最後の巻になったわけですね。垂示から見ていきたいと思います。

「垂示に云く、情を超え見を離れ」。これをどう訳すかが一番難しいと思います。たとえば、この後の「縛《ばく》を去り粘《ねん》を解き」というのは、なんとなくわかります。しかし「情を超え見を離れ」というのは、大変厄介です。ここを、みなさんと一緒に工夫してみたいと思います。

「情を超え見を離れ」について、こんな話があるということを聞いていただきたいと思います。本を持ってきました。タイトルは『哲学入門以前』。著者は川原栄峰という方で、大学で哲学の教鞭を執られた先生です。その本の「序文にかえて」に出てくる話です。「父母に捧げる」と書かれていますけれども、内容的には「大学生である娘と倅とその学友たちとに語りかけるようなつもりで書いた」とありますから、大学生である子どもさんたちとその学友たちに語りかけたものでしょう。読み進めてみます。

「大学の哲学科へ進むことに決めて、当時担任の先生であった今は亡き素白、岩本堅一先生にそのことを報告に行った」。岩本素白という方は、国文学者で名随筆家として鳴らした方です。そういう先生に高等学校で教わったのです。

「もちろん教員室へ。簡単なご注意をいただいたが」――そこからは岩本素白先生の言葉なのですが、「哲学というのは大きな常識です」と。単なる常識ではなく、大きな常識だと言われたそうです。「だから、小さな常識を超えなければならない。しかし、超えるということは無視するとか破るということではありませんよ、と。だいたいこれと同じような言葉で、穏やかにお諭しくださった。もちろん私は、はい、と頭を下げて引き下がったのであるが、その頃の私の言行には、先生のお目に余る非常識なところがあったのではなかろうかと、思い出すたびに心配である。

その後、私は哲学を学び、哲学書を読み、哲学を講義してきた。そしてこのごろの私は、日本の随筆文学の専門家であられた岩本先生の、哲学についての、あのお諭しが、つくづくと分かるといったような心境にある。考えてみれば、あのお言葉は甚だ弁証法的でさえあるし、具体的には極めて難しいことである。しかし哲学者たるもの、やはり、小さな常識を破らずに超えて大きな常識に生きねばならないように思う」。

ここが大事だと思います。哲学者たるもの、小さな常識を破らずに超えて大きな常識に生きねばならない、こう言っておられます。

「思えばこのごろ、錦の御旗が多すぎる。誰でもがヒューマニズムといい、民主主義といい、科学という。それがいわば殺し文句で、この語が出たら、後は誰も何も言わない、といったようなところがみられる。ヒューマニズムも民主主義も科学も、それ自体はまことに結構であるが、それらはそれぞれ、それを担い、それを支えた人と時とを離れて、ただお題目として唱えられるだけでは、いまだ抽象的たるを免れないのである。そして、そのようなものを実存と歴史との根底にまで引き下ろしていって、疑ってみるのでなければ、本当の思想とは言えないであろう。ヒューマニズムだからいいだろうといったような、なにかに寄りすがって安心し、しかも、いいことをしているんだといったような思い上がった顔や姿を見かけることが時たまあるが、そういう人にはニーチェか、ハイデッガーかの一文でも読むことを勧めたいような氣がする」。

真に正氣であるために——「大きな常識」に生きる

「私流に解釈すれば、大きな常識とは、正氣ということだと思う。どんなに穏当なことでも、一面的、抽象的にそれをそうと思い込んで、それに固執すると、ついには正氣の沙汰ではないようなことになってしまう。平和平和といいながら、互いにいがみ合うようなことにさえなってしまうのである。そんなことになってしまうことが、どんな意味を持つのか、というようなところまで降りていって考えない限り、思想も哲学も始まらないと私は思う。

ただ、そうは言うものの、いったい正氣とはどのへんのところを言うのか。その辺が甚だ曖昧で決めにくい。とくに自分自身に関して、これが最も困難である。おおいに正氣のつもりでいても、あとになってから思い出して恥ずかしくなることがよくある。ソクラテスは、無知を知れと警告した。心憎いまでに人間の愚かさを突いている。結局、何とかして正氣に収まろうとする努力が、哲学という形をとるのである」。こう結論づけているのですね。

「ヘーゲル流に言えば、素朴な直接的な感覚的な確信が次第に崩れていって、具体的真実へと深まり、また高まっていくプロセスである。ただしそのプロセスたるや、いわゆる客観的な事柄ではない。それはもっぱら一人ひとりの、この私の事柄である。自由とか歴史とか客観とか価値とか、はては世界とか人生とか、まるでわかりきったことのように日常使われている言葉が、事柄としていったいどういう意味と構造とを持つのかと疑う時、そこにささやかながら哲学が始まっているのだといえよう。小さな常識は超えられようとしているのだから。

だが、そのためにはなんとしても偏見のなさ、囚われのなさ、本当の意味での自由という開けた態度がなくてはならない。常識を超えようとしている以上、常識的な全ての色眼鏡を外さねばならないのである。これは辛いことであるが仕方がない。今まで教えられ、習い覚えてきた全てを疑ってみるということは、足元がぐらつくような氣がしてなかなか決心がつかないことであろう。大学生の若い人たちにこう言っているのですね。

「その氣持ちはよく分かるが、しかし若きデカルトのそのような懐疑から、近代哲学は始まったのであった。二、三の人々に勧められて、入門を書くことになった。哲学概論とか、哲学入門という本はたくさんある。なにも屋上屋を重ねる必要は一つもないように思う。概論というも入門というも、ドイツ語では同じくアンライトゥング（Anleitung）であろうから、なにも本質的な区別はないと思われるが、日本ではだいたい概論といえば、哲学の各種の部門と学説とを一応網羅して解説しつつ論じたもの、入門というのはその辺の導入の役目を果たすもののように考えられている。もしそういう区別が一応許されるとしたら、私は哲学入門のもう一歩手前でものを言いたい。哲学入門以前というような勘所で書いてみたいと思う」。それで『哲学入門以前』という本ができたのですね。

「哲学は何をどう考え説くかという以前に、いったいどうして哲学などというものがあるようなことにならざるをえないのか、常識の中にいったいどのような問題が人知れず潜んでいるのか、といったような問いが、私自身にいつも付きまとっているからである。真に正氣であるためには、ついぞこの問いから開放されることはあるまい。

ただ、今の場合にはそれを私一人の問題として吟味するとともに、少しでもものをまともに考えてみようとする人々にも、相当の程度までわかってもらえるように書けたら書いてみたいとは思っている。だからいくつかの問題を掲げてみるが、その一つひとつについて、哲学的に根本的、全般的に考えていくというようなことは避ける。むしろその一つひとつに潜んでいる、特に印象的な要点のいくつかに留めるであろう。しかしそういうことが人々にとって、わけても若い人々にとって、決して無意味ではないと私は思っている」。

これで「序文にかえて」が終わります。

そこで、改めて垂示を見てみたいと思います。「情を超え見を離れ」。情は別の言葉で言えば何でしょうか。なんでもいいのです。禅のいいところは、「いい加減」でいいところです。感情という言葉がありますね。情がつく漢字で、もう少し雰囲氣のある言葉はありませんか。情緒などという言葉がありますね。それらを超えなくてはならない。そして、見ることを離れなくてはならない。

そういうことがどういうことかということを、この川原先生が書いてくださっていると思うのです。序文の内容が、まさに「情を超え見を離れ」ということになっているのだと思います。

川原先生がおっしゃってくださっていることが、「情を超え見を離れ」だと思ってください。垂示を続けます。「縛《ばく》を去り粘《ねん》を解き」、そういうことで、私たちは自分自身を縛る、自縄自縛といいますね。縛っていたものを去り、粘着して離れようもないものを解《ほど》いていくのだ。

「向上の宗乗《しゅうじょう》を提起し、正法眼蔵《しょうぼうげんぞう》を扶竪《おこ》すには、也《ま》た須《すべか》らく十方斉《ひと》しく応じ、八面玲瓏として、直《つい》に恁麼《さよう》なる田地《きょうち》に到るべし」。ここはどう読みますか。何度も読んでほしいのです。中国語独特の言い方をしています。日本語ならもう少し親切に「てにをは」を振ってくれると思うのですが、それがないので非常に読みにくいですね。

けれど「読書百遍、意自ずから通ず」という諺がありますね。ともかく何遍も読んでいくと分かっていきます。やはり、中国は漢文の本家ですから、丸や点も無視できませんね。点や丸を視座に収めて、迷わずに読み進んでくださることを、まずお願いします。

「向上の宗乗」とは、究極の禅の核心。「正法眼蔵」は、仏法の眼目。「須らく十方斉しく応じ」は、あらゆることに自由自在に対応する。「八面玲瓏として」は、身心すべてがカラリと澄み切って、と注記にありますね。

そして最後は「且《さ》道《て》、還《は》た同得同証、同死同生する底《もの》有りや」。同じく得て、同じく証明する。そして、同じく死に、同じく生きる。いままでに、そうできたものが誰かいたか。「試《こ》みに挙し看ん」。ここにいい例があるから、よく見てくださいよ、ということです。

そうすると、その人は誰かということになりますが、この則では、いろいろな登場人物が出てきますが、とくに雪竇禅師がその中心としておられるのは塩官禅師という方だと思います。

「犀牛児を還し来たれ」——塩官の問いにどう答えるか

そこで、本則を読んでみます。これはもちろん、ご存知のように雪竇禅師が選んだ百則のうちの一則です。

「挙す。塩官、一日《あるひ》、侍者を喚《よ》ぶ」、侍者を呼んだのですね。「我が与《ため》に犀牛《さいぎゅう》の扇子を将《も》ち来たれ」。犀牛の角を材料として作った扇子があっただろう、あれをもってきてくれ、と言いつけたのですね。すると、「侍者云く、扇子破れたり」。あの扇子はすでに破れてしまって使い物になりません、というのですね。

すると、「官云く、扇子既に破れたれば、我に犀牛児を還《かえ》し来たれ」。それならば、犀牛児をもってきなさい、と言った。「児」は接尾辞です。これについてはどう感じますか。

たとえば、「犀牛の扇子をもってこい」というのはわかりますね。お年を召されて忘れてしまった。破れてしまったことを報告してあるけれども、塩官禅師が忘れていて、そんなことを言ったとも考えられますね。

ところが、「ならば犀牛児をもってこい」というのは滅茶苦茶ですね。これはどう取ったらいいでしょうか。無理難題を弟子に言っているつもりはさらさらないんだと思います。弟子を困らせてやろうとか、何か氣付いてもらおうということも一切ない、ごく自然な塩官禅師の氣持ちが外に出たのだと私は思います。どういうことでしょうか。

犀牛の扇子というのは、形のあるものですね。だけど塩官禅師が見ていたのは、形のあるものだけではなかったのだと思います。形のある、犀牛の扇子を通して、形のない何者かをいつも見ておられたのだと思います。それは何でしょうか。形あるものは滅びると言いますね。ですから犀牛の扇子は使えなくなることがありうる。ところが、形のないものは、なくならないのですね。形のあるものはなくなりますが、形のないものはなくならない。

単に、形のあるものだけを見ないで、塩官禅師の目は絶えず、お元氣なお若いときから、形のないものを同時に見ていたと思うのですね。それは、ちょっと古い話ですが、巨人軍の長嶋茂雄選手が「ジャイアンツは不滅です」といったのと同じで、永遠不滅のものだと思います。

そうすると、あれはどこへいったかな、ということになる。それが「我に犀牛児を還《かえ》し来たれ」という言葉になって出たのだと私は思うのです。そういうことをよく考えさせてくれるのが、『哲学入門以前』です。ですから、この本はぜひ身近において紐解いていただければと思います。

ところが、この形のないものを、この侍者は見られなかったのでしょう。「侍者対《こた》うること無し」となるわけです。「犀牛児を還し来たれ」と言われても言葉が出なかったのです。

そこで侍者に代わって、唐時代のお歴々たちがここに登場してきます。塩官禅師に向かって、侍者に代わって答えを言っていきます。

まず第一番は投子和尚です。「投子云く、将《ひ》き出《い》だすことを辞せざるも、恐らくは頭角全《まった》からざらん」。犀牛児をもってこいと言われるのでしたら、そういたしますが、しかし恐らくは、頭と角が、というか、どこかが欠けています、という感じですね。そっくりそのままの犀牛児を出すことはできません、というのです。

それに対して、後の雪竇さんが、投子の言葉に一言つけます。「雪竇拈《とりあ》げて云く、我は全《まった》からざる底《てい》の頭角を要《ほっ》す」。それでいいのだというのですね。それが欲しいのだということになりますね。

二番手は石霜という方が言います。「石霜云く、若《も》し和尚に還《かえ》さば即ち無からん」。もし塩官さん、あなたに返してしまうと、私のがなくなってしまいます。これはいったいどういうことか。

雪竇がまた取り上げていいます。「雪竇拈《とりあ》げて云く、犀牛児は猶《な》お在り」。こう言ったというのですね。直訳すると、犀牛児はまだ生きていたか、まだそこにあったか、という不思議な答えです。

そして次は資福です。「資福、一円相を画《えが》き、中に一つの牛の字を書く」。一円相をぐるっと地面に書いて、その中に牛という字を一つ入れた。

すると、それを雪竇はどう取り上げたかというと、「雪竇拈《とりあ》げて云く、適来《さきほど》、為什麽《なにゆえ》にか将《ひ》き出だささざる」。「適来《さきほど》」ですから、それがわかっていたらもっと早くそれを出さんかい、という感じですね。

そして保福が出ます。「保福云く、和尚は年尊《たか》し、別に人に請《こ》えば好し」。和尚さんはお歳です。私には到底、侍者は務まりません。別のお人に言いつけてください、と言ったわけです。

「雪竇拈《とりあ》げて云く、惜しむべし、労して功無し」。残念だ、みんな精一杯答えたけれども、塩官和尚を納得させることができたものは一人もいないようだ。このように言っています。

禅・仏道は「いい加減」

頌を読んでみます。

「犀牛の扇子用うること多時《ひさし》、問著《といつめ》れば元来《なんと》総《み》な知らず」。犀牛の扇子は長い間使われていたけれども、このように塩官禅師が質問を発し、いろいろな答えが出たけれども、誰も本当の答えは知らなかったのだ。「限り無き清風と頭角と、尽《ことごと》く雲雨と同《とも》に去って追い難し」。このように雪竇さんが謳っておられます。

そこで、名だたる唐時代の禅者たちが、それぞれ答えますが、どんな答えを作り出したかということですね。

何と言ったらいいでしょうね。同じことの繰り返しになってしまいますけれども、やはり一つの例を出します。何度も聞いているので、みなさんの頭に入っているかもしれませんが。東京の湾岸警察署というところを舞台にしたドラマがありました。そこで「事件は現場で起こっている」という名セリフがありましたね。刑事の人たちは現場に行くのですが、それに対して、離れた会議室から指示を出す人たちがいます。この二者がなかなか一つになりません。それがテレビドラマとして面白いストーリーになっていくわけです。

それが現実の世界では困るわけですが、逆に宗教の世界、仏道の世界では、それでいいのだということになるのですね。単なる世の中の出来事と仏道の出来事の違いはそこにあると思います。宗教の話になりますと、会議室は会議室として、現場は現場としてやればいい。それでいい味加減になるのだということです。会議室は会議室として徹底して検討する、現場は現場として検討する。そうすると、ここに一つの調和が見出されるのだというのが仏教の見方です。禅の意味するところです。それを「いい加減」といいます。

ところがこれが、世の中だけでは、なかなか一致せずに「いい加減」にならないわけです。そこで、仏教に仏道に、何ものかを求めてくると言えると思います。こういうのが仏教の生き方だと思います。最近は何を思っても、そんなふうに思います。どんな世界でもそうだと思うのです。一つにまとまる。一つにまとまるというところには、やはり人間である限り、ということが言えると思います。

それが仏道の考え方、お釈迦さま、祖師方の思いだと思います。人間というところでは同じなのだから、それを具体的にはっきりと教えてくれる言葉が、例えば大燈国師の言葉です。「この理、人人《にんにん》これあり」。非常にありがたいことだと思います。

大燈国師と花園上皇の問答がありますね。花園上皇に大燈国師が質問します。「億劫《おくこう》相別れて、須臾《しゅゆ》も離れず。尽日《じんじつ》相対して、刹那《せつな》も対せず。この理、人人《にんにん》これあり。如何なるかこの理、伏して請《こ》う一言」。それに対して花園上皇が答えます。「昨夜三更《さんこう》、露柱、和尚に向かって道《い》い了《おわ》んぬ」。

「億劫相別れて」、億劫という長い長い氣が遠くなるような時間を別々に生きていて、それでいながら、「須臾も離れず」、少しも離れていないという言葉を大燈国師が出すわけです。「尽日相対して」、今度は逆ですね。一日中面と向かっていながら、「刹那も対せず」。一秒間の何十分の一という瞬間すらも相対していない。「この理」、この筋道が、「人人これあり」。人である限り、誰もが持っている。「如何なるかこの理」。この理はいったい、どういう理なのか。――ここで理とは、論理と言っていいと思います。道理どころでなく、論理。「伏して請う一言」。相手は上皇ですから、どうか一言おっしゃってくださいと、ぶつけるのですね。

するど上皇は、「昨夜三更《さんこう》、露柱、和尚に向かって道《い》い了《おわ》んぬ」と。私が答えるまでもありません。昨夜すでに、露柱が和尚に向かって答えております。いまさら私が述べることはありません。花園上皇はこういう答えをします。これがまた素晴らしいですね。そこまで透っていくのでしょうね。

絶対現在ということ——大乗仏教の救い

最後近くになりますが、最近は無文老師の解釈が身にしみますので、老師の解釈を垂示のところだけでもお聞き願います。

「情はお互いの常識。先入観や囚われである。そういう心の中の囚われを取り、先入観を捨てて、心の中を綺麗に掃除して、そこで初めて不立文字教外別伝の我が宗旨を拈提することができる。釈尊の発見された人人具足の仏心を打ち立てていく。心の中に先入観や観念を一つも持たず、この上の教えはないというほどの不立文字教外別伝の宗旨を引っさげ、正しい悟りの眼のたくさん詰まった蔵、仏心宗を唱えていく。こういう働きは観念も先入観も囚われも何もないから、自由自在に十方世界どこへでも出ていくことができる。心中八面玲瓏として、十方世界に働くことができる。そういう働きがある人にして初めて、情を超え見を離れ、縛を去り粘を解き、向上の宗乗を提起し、正法眼蔵を扶竪する境涯に到達することができるであろう。

且道、還た同得同証、同死同生する底有りや。真に仏心が悟れるならば、みな同じ心境にならねばならん。悟りはみな同じでなければならん。阿耨多羅三藐三菩提、無上正等正覚、無上なる普遍的人格を自覚することが仏法でなくてはならん。尊厳なる普遍的人格を自覚するならば、みな同じでなければならん。同得同証、同死同生だ。同じように皆自分を殺し、同じように仏の世界に生まれてこなければならん。そういう同得同証、同死同生というようなものがあるかどうか、自分と全く同じ悟りを開き、同じ心境が分かっておる、そういう人があるかどうか。ここに面白い話があるから聞かっしゃい」。このように無文老師はおっしゃっております。

「着眼」という言葉がありますね。目の付けどころです。眼をどこに付けるか。それはこの現場です。しかし、会議室も現場です、本来は。会議室の人は会議室の人として全うする。現場へ出て働いている人は、現場の仕事をもって全うする。そうすると、これはピタリと合うはずだというのが、禅の論理です。これは圧倒的な力でそうなるのだと思います。

それは自然の力です。自然の力でぐうっと、そういう一致が見られるのだと思います。ですから、それまでは絶対現在というものによって、私たちは悩まされてきたのですが、あるときはっと氣づいてみると、どうにもならない絶対現在によって、絶対現在があることによって、生かされていたのだ、ということがはっきり分かってくるのです。それが宗教の救いだと思います。大乗仏教の救いだと思います。これがあるからこそ、大乗仏教は救いになるのだと思えてなりません。

あえて、禅とは言いません。大乗仏教の極意は、絶対現在ということがあるから救われる、ということになります。そしてそれは、人間である限り、誰でも、そこで一つになれるのです。「この理、人人これあり」と大燈国師が言い切ってくださっているところだと思います。

しかし従来の臨済禅の方では、また言い方が違うのですね。大燈国師の「この理、人人これあり」。これがよいと思いますね。大乗仏教に志す限り、ここだと。

それは何かというと、祥福僧堂では最初から最後まで、お正月などは別ですが、隠寮では掛け軸は一つでしたね。「唯有一乗法」というものでした。唯有一乗法という五文字を掲げておりました。「ただ一乗の法あり」ですね。だから、我々は誰が来られても、ここを同じように生きるのだと。大乗仏教という一乗の法を。どんなに偉い人が来ても、人として思った場合は、これしかないのだというシグナルですね。ですから、一幅の掛け軸のほうが、いかに私の話などよりも真実を伝えているかということです。

孤高といいますが、孤高の法財を、生まれたばかりのお釈迦さまに仏教では語らせていますね。生まれたら右手を上げて、「天上天下唯我独尊」。あれが孤高の宣言ですね。我一人尊し。それはしかし、お釈迦さまだけでなく、誰もがそうだ、と仏教徒である限り承知しています。仏教徒である限り誰もが、生まれたてのお釈迦さまが宣言した世界で相まみえ合うことができるのです。いつの日か、相まみえ合うことができる。そういうことだと思って、大いにひとつ、相まみえ合える日を楽しみに生きていきたいと思うのです。

永遠性と一回性と

最後にもう一度、頌に参じます。あらためて全文を挙げましょう。

「犀牛の扇子用うること多時《ひさし》、問著《といつめ》れば元来《なんとみ》総な知らず。限り無き清風と頭角と、尽《ことごと》く雲雨と同《とも》に去って追い難し」。

「犀牛の扇子用うること多時《ひさし》」。こう雪竇さんに唱え出されて、識る人ぞ識る、わかる人は絶句してしまうんですね。感激して言葉に詰まってしまう。ところが、「問著《といつめ》れば元来《なんと》総《み》な知らず」。その由縁をあらためて尋ねると誰一人として答えられない。まさに「千聖も知らず」ですね。

「限り無き清風と頭角と」。如来禅にしても祖師禅にしても、仏道は宗祖臨済禅師のお言葉を借りれば、赤肉団上に一無位の真人を証拠する、ことでした。頭と角をもつ犀牛児に、目に見えない無限の清風を「われ見たり」と感動をもって言い切れることでした。

この感動は永遠に続きもすれば、「尽《ことごと》く雲雨と同《とも》に去って追い難し」。いまここに看る雲雨は一回限りで、二度と呼び戻すことのできないことも事実です。

両方が大事なのだと思います。「永遠性と一回性」が生み出す緊張と感動とが、私たちを活氣づけてくれるのではないでしょうか。どうぞご批判願います。

世尊、座を下りる——第九二則「世尊一日陞座」

【垂示】垂示に云く、絃を動くや曲を別《ききわ》く、千載《せんざい》にも逢い難し。兎を見て鷹を放《はな》つ、一時に俊《しゅん》を取る。一切の語言を総《す》べて一句と為《な》し、大千沙界を摂《あつ》めて一塵と為《な》す。同死同生、七穿八穴。還《は》た証拠する者ありや。試みに挙《こ》し看ん。

【本則】挙す。世尊、一日《あるひ》、座に陞《のぼ》る。文殊《もんじゅ》、白槌《びゃくつい》して云く、「法王の法を諦観《たいかん》せよ、法王の法は是《かく》の如《ごと》し」と。世尊、便ち座を下る。

【頌】列聖叢中作者《てだれ》は知る、法王の法令は斯《かく》の如《ごと》くならざるを。会中若《えちゅうも》し仙陀《せんだ》の客有らば、何ぞ文殊の一槌を下《くだ》すを必《よう》せん。

いくとおりもある答え――禅の宗旨を込めて

今日は例にしたがって、時代順に読んでまいろうと思います。まず本則。その本則を選びだした雪竇さんの思いを、頌で教えてもらって、そして一番お若い圜悟さんが垂示を付けていますので、それを見ていきたいと思います。

まず本則から見てまいります。

「挙す。世尊、一日《あるひ》」。お釈迦さまがある日、「座に陞《のぼ》る」。説法の座に登られた。すると、文殊さんが言われた。「文殊、白槌《びゃくつい》して云く」。白槌とは木の槌です。寺にはいろいろ仏具を置いてありますが、木槌でカッツカッツとたたいて、注意を喚起して言われた。これから説法が始まりますよ、ということなのでしょう。

「法王の法を諦観《たいかん》せよ、法王の法は是の如《ごと》しと」。「法王の法を諦観せよ」とはどのような意味でしょうか。注記を見ますと、「本来、説法の最後に唱える文句」であると。それを説法が始まる前に、文殊さんはやってしまったということでしょうか。「法王の法は是の如しと」。

これはいったいどういうことでしょうか。どう見たらよろしいでしょうか。諦観ですから、しっかりと見て取りなされ、ということですね。一つの説法をした後に唱える言葉なのだが、どう間違ったか、文殊さんは説法が始まる前に唱えてしまった。

すると、「世尊、便ち座を下る」。すうっと説法の座を降りてしまわれた。これは何を意味しているのでしょうか。説法は済んだとばかりに世尊は座を下ってしまった。一つの見方は、「身業説法」という言葉がありますね。からだで説法をすること。これをしている、と取れないことはないと思います。不立文字ですから、言葉に出さなくても、世尊が説法の座に上られる。そこにもう、堂々と説法はなされているのだ。こういう見方も成り立つと思います。

しかし、それだけでしょうか。いくつか、こういうことだ、ということが言えると思います。答えは一つではないということになりますね。それでよいのだというのが、禅の行き方だと思います。答えは何通りあってもよい。我々は一人ひとり別人格ですから、思いもそれぞれにあります。みなさんが思い思いに取った一つひとつ、それが、自分だけでは十分ではないかもしれませんが、周りの人が聞いて、なるほどそうだな、と思ったら、大乗仏教ですから、それでよいのではないでしょうか。

大乗仏教というのは一人でもよい、心と心が通じ合えれば、それで立派な大乗仏教と言えるのです。私はそんな話をしていた記憶があるのですが。いろいろな見方がありうるわけです。そして、問題は、そこに宗旨があるかどうか。禅の第一義が込められているかどうかが大事なのです。込められていなかったら、それは禅の頌とは言えない。その頌を、雪竇さんはどう謳っているか見てみましょう。

世尊はなぜ座を下りたか

「列聖叢中作者《てだれ》は知る」、「列聖叢中」は、注記に「世尊の説法を聞くために集まった高弟たち」とありますね。「作者《てだれ》」、とりわけすぐれた働きを持つものは知る。高弟たちの中の高弟は、世尊がすうっと帰られた意味も、文殊の言葉の意味もわかるというのです。「法王の法令は斯《かく》の如《ごと》くならざるを」。否定しています。これは問題ですね。どう見ますか。本則で「法王の法は是《かく》の如し」と言っていましたが、そうではないことを知っているとは、どう見ればよいのでしょうか。今度は宗旨が含まれていないということですから。

もう一度、頌の最初から読んでみますと、「列聖叢中作者《てだれ》は知る、法王の法令は斯《かく》の如《ごと》くならざるを。会中《えちゅうも》若し仙陀《せんだ》の客有らば、何ぞ文殊の一槌を下《くだ》すを必《よう》せん」。これが全体です。

前半は「列聖叢中作者は知る、法王の法令は斯の如くならざるを」。すっと続いているように見えますね。ここで伝統の祖師の一人の見方を読んでみます。

「釈迦牟尼世尊以来、大法を継いでこられた伝統の祖師方が、雲の如く群がっておられる中には、作者があるはずだ。列聖叢中作者は知る。作者は『さっけ』ともいう。創作をする人である。小説を書く人を作家というが、小説ばかりではない。詩を作る人も俳句を作る人も、絵を描く人も彫刻をする人も、すべて作家である。自分が新しいものを作っていく力がある人を作家というのである。それを、世尊は高座の上に上られて、何もおっしゃらない。一口も言わない。それを文殊は、法王の法を諦観せよ、法王の法は是の如し、と合図してしまった。それでいいものかどうか」。疑問を呈しています。

「絵かきが白い紙を見せて、この絵がわかるかと、小説家が何も書かずに白い本を出して、これがわしの小説だと、それで通るかどうか」。これは通りませんね。一般には通りませんよね。作家が真っ白な本を出して、わしの小説だと行っても通りません。「何も言わずに座っているのが釈尊の仏法だなどと、とんでもないことだ。何も言わないのに、これが仏法だなどと、それは文殊、行き過ぎではないか」。ところがどうやら、これが通るのが仏法のようですね。

後半に行きます。「会中若し仙陀の客有らば、何ぞ文殊の一槌を下すを必せん。仙陀は、仙陀婆である。仙陀婆には、水、塩、器、馬という四つの意味がある。賢い人はその時その時、その場その場で仙陀婆を使い分けていく。涅槃経の菩薩品に示されている話である。国王が朝起きて顔を洗うところで、仙陀婆と言われたら、すぐに水を持ってこなくてはならん。食堂で仙陀婆と言われたら、塩を持ってこなければならん。食事が終わって仙陀婆と言われたら、なにか必要な器を考えて持ってこなければならん。玄関へ出て仙陀婆と言われたら、馬を引っ張ってこなければならん。賢い侍者ならば、その時その時によって言葉を聞き分けていく。お経というものは言葉だ。言葉に表現すると、みんな言葉を間違って解釈するからいかんのだ。空といえばなにもないことだと思い、無といえば虚無だと思い、日々是好日といえば、毎日銭が儲かることのように受け取る。言葉について回ると間違うから、不立文字、教外別伝と言われるのである」。

「その時その時、言葉の意味がはっきりわかるのならば、言葉がある方がいいではないか。言葉がなければ通じないではないか。動物と人間との違いは、言葉を知っておるところだ。言葉に迷うからいかんのであって、言葉をはっきり理解するならば、言葉のある方がよい。釈尊は、三百六十余会、四十九年の間、しゃべり詰めにしゃべられたが、それはみんな、真理だ。だから、釈尊のことを真語者、不妄語者、真実のことをいい、間違いのないことを説かれた方というのである」。真語者、真実を語る者という。

「そのお経の中の真理がはっきりわかる賢い人間なら、お経のあるほど結構なことはないではないか。黙っておる必要はないではないか。言葉で表現してわかる人が多いか、黙っていてわかる人が多いか。どちらか。おそらく黙っておられてわかる者はおるまい。釈尊が雄弁にお話してくだされて、それで相手がわかるならば、釈尊にお説教させたらいいではないか。説教もせんうちに、法王の法を諦観せよ、法王の法は是の如し、もう説教は済んだなどと、文殊菩薩、とんでもないことをしおったものだ。世尊がお話しくだされても、相手がわからんと思ったのか、相手がわかりさえすれば、文殊が何も白槌を打つ必要はなかったのではないか。

言葉によってわかるものもあるし、黙っておられて初めてわかるものもある。仏法というものは、何も形にはまったものではあるまい。相手次第だ。相手次第によって法を説かれたから、十三宗五十六派というような宗派ができたのだ。念仏で救われる人もあれば、坐禅で救われる人もあれば、題目で救われる人もある。形のないのが仏法だ。文殊が白槌したのも一つの型ではあるが、これにとらわれる必要はないであろう」。こういうふうに語られておりますが、いかがでしょうか。

常識を破る――「平常心是道」

いま読み上げたところに、はっきりと言ってくれていますけれども、禅というのは何でもありだと思っていただいたら、よろしいのではないかと思います。真っ白なノートを示して、わしの説法がここにあるぞ、そんな無茶なこともできるのが禅だ、というふうにつかまえていただいても間違いではないと思います。むしろ、世の常識の方を問題にするのです。それでいいのか、と。そして、願わくば、大きな常識に生きなくてはならない。こういうほうに持っていくのが禅のあり方だと思います。

そこでどういうことが起こるか。「平常心」という普段の心だけでは駄目だということです。これは馬祖道一禅師が言われた言葉だと伝わっていますが、「平常心是道」と、一氣にそこまでいかなくてはならい。「平常心是道」と一氣に言えるようになることを狙うのが、禅の生き方だと思っていただきたい。

それには常識を打ち破らなくてはならない。まだ説法をしていないのに、説法が終わったという。それが正しいか正しくないかはわかりません。しかし、そこに、一つの真実を看取った人にとっては、一言もしゃべらないうちに説法が終わったとも言えるし、それを見て取ってお釈迦さまはさっと座を下ったということも、ありうることだと思います。

たしか飯田欓隠老師がおっしゃったと思いますが、「禅」という字を「単を示す」と読みました。「単示」、禅は単示なのだと、パッと示すことができる。ひとコマで示せるのですね。説法はひとコマでは示せませんね。長々としなくてはなりません。禅の禅たるゆえんは、そんな冗長な言葉を使わなくても、一口で示す。「一口に吸尽す西江水」という言葉を思わせるような、長々と話をして初めて説法になるものを、一口で言えること。それが禅、単示だというのです。世尊のちょっとした動きの中に、禅を見取る眼を我々は養わなくてはならないわけです。そういうことを、逆に要求されているというのが「世尊陞座」ということだと思います。

そうしますと、禅は、どうしても常識を破らなくてはならないということが出てくると思います。ですから、みなさんが禅のことをどう思っておられるかはわかりませんが、だいたい、まともな考えは、みんな禅の見方ではないと考えていただいたほうがよいと思います。誰もが納得するようなことは、禅ではないと思ったほうが早いと思います。それは悪いことでは決してありませんが、悪いことではないというのが常識になりますから、氣をつけなくてはなりません。

たとえば、禅を修行して自分は立派な人間になりたいという志をもって、禅の話を聞きに行った場合には、必ずしもそうではないのだということになります。立派な人間になるというのは悪いことではありませんが、禅の禅たるゆえんは違うところにある。こうなりますね。常識にとどまらないということですから、常識を超えて、もっと広く深いところに案内してくれるのが禅なのだ、というふうに取っていただきたいのです。

それが「平常心是道」というところに現れていると思います。単なる「平常心」ではない。「道」ですから、人格者になっても悪いことはないですね。そうすると、この言葉にも収まりきらないほどのものが、禅には含まれているのだということです。

そして、禅に対して、白隠禅師ではないですが、以前に見ていただきました祥福僧堂の「愚堂国師墨跡写」の軸にあるように、――「香を炷《た》き、九頓《きゅうとん》、戦慄《せんりつ》して写す」と書いてありますが、白隠さんが愚堂国師の墨跡を書写されたのですが、「戦慄して」とあるように、体に冷汗をかくようなものを感じ取ることがあってこそ、禅だと言えると思います。

白隠禅師と愚堂禅師

そこで、白隠禅師と愚堂東寔禅師の関係、ここを少し見ていってみようと思います。なぜ白隠さんは戦慄してまで書写したのか。

白隠さんには、さまざまな墨跡がありますが、個人の墨跡を書写したのは愚堂東寔さまのものだけだそうです。このことを私は、大阪箕面の寒山寺さんから教わりました。それについて触れた寒山寺さんの文章を読み上げてみます。

「白隠慧鶴が愚堂東寔に特別の敬意を払い、尊崇の念を持っていたことは愚堂の遺徳を顕彰すべく、『宝鑑貽照』を著したことで広く知られている」。

白隠禅師がお生まれになったのは一六八五年、亡くなったのが一七六八年ですね。愚堂東寔禅師がお亡くなりになったのが一六六一年、同じ一六〇〇年代ですが、二人は出会うことはなかったのですね。

白隠年譜によると、「宝暦八年（一七五八）の春、白隠七十四歳の時、愚堂百年遠忌に当たって、碧巌会を企画した美濃の瑠璃光寺の定水禅師より拝請され、碧巌録の提唱を行った」。美濃の東寔禅師ゆかりの方から拝請されて、碧巌録の提唱をしたのですね。

「白隠は会下の反対を退けて」、白隠禅師の門弟たちは、どういうわけかこれに反対したというのですね。「さらに全国に散らばる、自らの会下に書簡を発し、『愚堂国師百年遠忌にあたり法会を催す、国師の報恩に報いるならば来て焼香せよ』と、招集をかけるほどの力の入れようであった。加えて当時、京都にいた東嶺円慈――これは跡を継ぐ方です――を呼び寄せ、説法させている」。みんな集まれ、と大号令をかけたわけです。こういう力の入れようを示した。

何がこれほどの力を入れさせたのか、ということです。「またこの会中、白隠は美濃の和尚に対し、この百年遠忌に対し愚堂語録の刊行を提案したが、派中の意見がまとまらず、一向に計画が進まなかった」。愚堂語録を出したらどうかと提案したのですが、まとまらなかった。それが白隠さんを逆に燃え上がらせるのですね。

「これに発奮した白隠は、次の提唱地、飛騨高山に移動する駕籠の中で、『宝鑑貽照』を書きあげた」というわけです。「『宝鑑貽照』の八巻だけでなく、自らの愚堂語録刊行を企画する書簡を、当時京都にいた提洲禅恕に送った」。自分の弟子である提洲《だいしゅう》禅恕《ぜんじょ》禅師に送ったと。「このことからも愚堂への特別の尊崇ぶりが伺えるだろう」。

ちなみに、先ほどのお軸が祥福寺にどうして伝わったのかは分かりませんが、分からないわけでもないと言えると思います。いま名前が出た提洲禅恕という人は、白隠さんの法を継いだ方の一人、第二世です。その次に三世がいます。そして四世に当たる人が、祥福僧堂で初めて白隠禅を提唱された方なのです。黙伝宗璞《もくでんそうぼく》という人です。逆から見ると、法の上のお父さんのお父さんに当たる人が、この提洲禅恕という白隠第二世です。ですので、この白隠さんの話は、黙伝さんが知らないはずはないと思います。それが頭にあった。そして何かの機会に、こういう軸物があれば手に入れたくなるのは人情なのではないかと思います。

「このように白隠の愚堂に対する敬意の大きさは、一連の遠忌にかかる積極的な活動から十分に見て取ることができる」。弟子たちの大反対を拒絶して、逆に発破をかけて語録を作ろうとしているわけですから。

「他方、白隠は愚堂の肖像をはじめ、愚堂に関する禅画墨跡を数多く残した。それら諸資料を集めての総合的な愚堂と白隠の関係を考察した論は、管見の限り見当たらない」。ここにスポットを当てた研究者は誰もいままでいなかった。「本稿では白隠が残した愚堂に関する禅画墨跡などを取り上げながら、なぜ白隠が愚堂に特別な尊崇の念を持っていたかを検討したい」。

「戦慄して書写す」——愚堂墨跡の白隠書写

こういうことで、白隠書写の話に続いていくわけです。

「白隠は祖師の話頭や名号など多種多様の墨蹟を揮毫したが、愚堂の墨蹟を書写したものが遺されている。白隠が祖師の墨蹟を書写した作品は、管見の限り唯一である。原文を翻刻し、訓読すると次の如くとなる」。

懶瓚《らんざん》道《いわ》く、「世事悠々《せじゆうゆう》たるも、如《し》かじ山丘《さんきゅう》には。藤蘿《とうら》の下《もと》に臥《が》し、塊石《かいせき》、頭に枕す」と。

雪竇《せっちょう》云く、「者般《しゃはん》の漢《かん》、甚《なん》の用処《ゆうじょ》か有《あ》らん、喚起《かんき》し了《おわ》って打《う》たん」と。

前正法山主《ぜんしょうぼうざんしゅ》愚《ぐ》堂老衲書《どうろうのうしょ》

沙羅樹下《さらじゅげ》白隠鈍漢《はくいんどんかん》、香《こう》を炷《た》き、九頓《きゅうとん》、戦慄《せんりつ》して写す。

右のように読みほぐしてくださったうえで、自問自答、自ら疑問を呈し自ら答えるという型で――一言でいえば、この会で皆さんにしていただいている己事究明ですね――、その文章が続いておりますので、引き続き傾聴してみてください。

「では、白隠はなぜ愚堂墨蹟を『九頓、戦慄して』書写したのか。この墨蹟は、俗世を避け、徳宗の招きにも山を下りなかったことで知られる懶瓚が詠んだ、脱俗を理想とする境涯の偈頌に対して、雪竇が『このような者に、どんな働きがあろうか。叩き起こして、打ってやろう』と、著語をつけた上堂語である。白隠は愚堂がこの上堂語を書いた意味を重視したのではないか。つまり、愚堂が懶瓚のような脱俗の境涯ではなく、むしろ山を下り、大衆のために尽くさなければならないという衆生救済の想いから、この語を揮毫したと白隠は考えたのであろう」と、述べておられます。

この愚堂さまが入れ知恵したと言われている、エピソードが伝わっています。江戸期、中国からやってきた十三宗最後の黄檗宗を伝えた隠元。ある日、隠元が妙心寺を尋ねます。そして開山の語録を見せてほしいというのですが、「開山、関山慧玄に語録はありません。ただ、開山の『柏樹子の話に賊機あり』の一語を、私どもは伝え聞いて大事にしております」というのですね。すると隠元さんが態度を改め、今のお言葉、「柏樹子の話に賊機あり」という言葉は、百巻の語録にまさると言って、白隠さんが愚堂の書に感じているように、寒毛卓竪《かんもうたくじゅ》して礼拝し、妙心寺を後にしたと伝えられています。

ですから、その語録にまさるものを、愚堂東寔禅師はお持ちだった、身につけていた。いったい何を感じ取っていたのか、ということにもなっていきます。そんなことで、語録など残してどうするのかというので、白隠さんに提唱は頼むものの、語録を作ることに対しては、美濃の和尚方も容易に首を縦に振らないのです。そこで業を煮やした白隠さんは、愚堂東寔禅師を称える『宝鑑貽照』という書物を駕籠の中で書き上げて、改めて語録を作ろうと呼びかけたというわけです。

ところで、この愚堂国師はどんな方であったかというと、「愚堂と言えば、後水尾上皇（一五九六～一六八〇）との対面説法や妙心寺に止住するなど、江戸前期の日本仏教界を代表する妙心寺の高僧であった。一方、美濃にあっては、檀徒の求めに応じて除霊や狐憑きを払う法要を懇切に行なった記録が多く残されている」とも述べておられます。

そして「白隠は周知の如く、各地の拝請に応じて提唱し、積極的に宗旨を挙揚した。また、大量の仮名法語は僧侶だけではなく一般の在俗を意識した作も多い。白隠禅の特徴は、『十字街頭の禅』とも言われる。高僧愚堂の手になる衆生救済への意志を著した墨蹟に共感したからこそ、『九頓、戦慄して』書写したのであろう」と、両巨匠の間の文字通りの秘密の関係を吐露してくれております。

「本作は神戸祥福寺専門道場の所蔵であるが、書写された時期など、その成立の詳細は不明である。また愚堂自身による元の墨跡の所在も確認することはできなかった」。掲げたのは、あくまでも白隠さんが書写した書ですから、同じ言葉を書き上げたという愚堂さんの手になる原本が、どこにあるのかはわからないというのですね。

「白隠は、単嶺祖伝の元で得度して以降、正受老人を始め、さまざまな禅僧に参じたが、それら直接参じた師匠たちや他の禅師の作を書写したものは管見の限り見当たらない。この一作例をもってみても、白隠が愚堂に特別な思いを持っていたことが明らかである」。

この特別な思いは何かということが、問題になるわけですね。そしてこういうことがわかるということが、日本の場合といいますか、日本禅が分かっていく上で大切になっていくわけです。日本禅というよりも、禅そのものといったほうがよいでしょうか。そのへんの道行きを尋ねていきたいと思っています。

法とは何か――白隠と愚堂によせて

そこで寒山寺さんの研究に導かれて、「白隠と愚堂が重んじた『法』とは何か」の章を見てみたいと思います。引用が長くなりますが、次に示します。

「白隠は、若い時より愚堂に思いを寄せていたようである。『八重葎《やえむぐら》』巻三『策進幼物語《さくしんおさなものがたり》』には、若き白隠（二四歳）が英岩寺の人天眼目会《にんでんがんもくえ》で出会った道樹宗覚《どうじゅそうかく》（一六七九～一七三〇）より、自らの師匠が愚堂の孫弟子、即ち至道無難《しどうぶなん》（一六〇三～一六七六）の弟子、正受老人であると教えられた時、

予、心に竊《ひそ》かに歓喜《かんぎ》すらく、国師は貴ぶべし、五百年の間出、予が平昔帰仰し、追慕する所なり。何の幸いぞや、今、其児孫《そのにそん》を見る事。散莚の後、必ず往《ゆ》ひて参謁《さんえつ》せん。

と、愚堂を若い時より心中、尊敬していたことを述懐する様を載せている。

また、白隠が愚堂よりの法の伝授者として自負を現わすのは、対幅の『面壁達磨』や『自画像』だけではない。宝暦八年に白隠が拝請された瑠璃光寺での碧巌録会では、その

開筵に際して示衆が行なわれた。この示衆は白隠自筆による墨蹟が瑠璃光寺に現存し、また『荊叢毒蘂拾遺《けいそうどくずいしゅうい》』にも採録され、碧巌録会が催される背景や愚堂の行履などが詳らかにされている。その中では、

相似《そうじ》の涅槃《ねはん》、世間に満つ。真風《しんぷう》、地に堕《お》つ、百年の辰《しん》。大円《だいえん》、幸いに沙羅樹《さらじゅ》有り、苦《く》葉毒華《ようどくげ》、人を悩害す。（相似涅槃満世間、真風堕地百年辰。大円幸有沙羅樹、苦葉毒華悩害人。）

鵠林《こくりん》が如きは、緇田《しでん》の牌梯《はいてい》、禅苑《ぜんえん》の草芥《そうかい》。師の的孫《てきそん》、猶沢《ならざわ》の正受《しょうじゅ》老人に謁して、奪《だつ》命《みょう》の符を奪い来ると雖《いえど》も、恨《うら》む可し、土《ど》を掃《はら》っても知音少《ちいんまれ》なることを。（如鵠林、緇田牌梯、禅苑草芥。雖謁師的孫猶沢正受老人、奪奪命符来、可恨、掃土知音少。）

と、自分こそが正受老人を経た愚堂の法孫であり、愚堂の法を正しく継承・実践していると述べる。

では、愚堂と白隠が共通して重んじた『法』とは何か。それは厳しい修行と、『正法禅』と呼ばれた、参禅入室の公案禅である。愚堂自らの修行への厳しい取り組み方は、聖澤《しょうたく》院《いん》の庸山景庸《ようざんけいよう》（一五五九～一六二六）に参じた折り、竹藪における徹宵夜坐《てつしょうやざ》の故事を一例に取ってみても明らかであろう。また、公案禅を忽《ゆるが》せにしない態度は、印可を与え、自らに先だって遷化した一絲文守《いっしぶんしゅ》（一六〇八～一六四六）に対する批判からもうかがえる。

承応三年(一六五四)、隠元隆琦《いんげんりゅうき》(一五九二〜一六七二)が来朝することとなる。来朝した隠元を、龍渓性潜《りゅうけいしょうせん》(一六〇二〜一六七〇)などが中心となり妙心寺住持として拝請しようとした。結局、隠元の妙心寺入寺はならなかったが、隠元の入寺を強硬に反対したのが愚堂であった。愚堂は『年譜』によると、『もし一絲が存命であれば、その文字《もんじ》による禅がために、必ず書簡の往来・交流を行なっていたであろう』と批判的に述懐したという。一絲の若年での遷化を、『一絲、吾れに先だって死す。吾が法の幸いなり』とまで述べる。

白隠は、このように厳格な愚堂に対し、若い時より、特別な尊敬の念を持っていたのだろう。白隠自身も厳しい修行を自らに課し、各地を歴参して回った。また、松蔭寺に戻ってからは、弟子に対しては厳しい接化を行ない、枯淡な日常によって雲水を養うにも困るような修行専一の生活を送っていたという。加えて、白隠の遺した漢文語録・仮名法語を見ても、口を極めて公案禅の重要性を説き続けた。白隠は、自らの行履・活動を振り返っても、尊敬する愚堂の法を正しく継いでいるとの自負があったのであろう。このような自負や尊敬の念が、著作や禅画墨蹟という具体的な形として顕現するのである」と述べておられます(白隠禅師シンポジウム「白隠禅師を現代にどう生かすか」於 花園大学教堂)。

この寒山寺さんの研究レポートは、「臨済禅師一一五〇年、白隠禅師二五〇年遠諱記念事業」として、臨済宗黄檗宗連合各派合議所主催、花園大学共催で、京都で開かれた発表レポートのごく一部ですが、皆さんいかがでしょうか。

禅の「単示」に参じる

各人各様であるとおもしろいですね。頭を集めて話し合っているうちに同じ世界に出られたら、もっとおもしろいですね。全別全同です。妙の世界です。そうありたいものです。ですから、どこから入ってもよいわけですね。入り口はどこでもいい、とよく言いますね、富士登山するのに、どこから上ってもよい。それはいろんな道があります。大変な道も、たやすい道もあるでしょうが、結局行くところは同じ富士山の頂上です。だから、「単示」がいい、というのは禅の一つの特色だと思います。一口、ひとコマで示される。どこを切っても示される。説法ですと、時によっては長い間録音しなくてはなりませんし、カメラも回しておかなくてはならないけれども、禅には、ある一点の写真を撮って、「これが禅だ」と示せるようなものがあるわけです。

最後に垂示に行きます。

「垂示に云く、絃を動《はじ》くや曲を別《きき》わく」、弦を弾くとボロンと鳴りますね。ボロンと鳴っただけで何の曲だとパッと判断する。これが禅ですね。「千載《せんざい》にも逢い難し」。このようなことは、千年に一度あえるかどうか、というようなことだけれども、簡単なことと言えば簡単なことなのだ。

「兎を見て鷹を放《はな》つ」、ウサギを見てタカを放てば、タカはウサギを逃さないように、――簡単なことと言えば簡単なことだ、「一時に俊《しゅん》を取る」。一時に俊を逃さずに獲みとってしまう。

「一切の語言を総《す》べて一句と為《な》し」、ずいぶんと長い文章を一句に変えてしまい、「大千沙界を摂《あつ》めて一塵と為《な》す」。深く広い領域の世界を塵ひとつに集めてしまう。

「同死同生、七穿八穴」。そのように同じく死んで、同じく生まれる。「七穿八穴」は自由自在ということでもあるようです。「還《は》た証拠する者ありや」。それをしっかりと証拠立てできるものがいるか。

「試みに挙し看ん」。ここにそのよい例があるから、試みに挙げてみるのでよく見なさい。そして、禅の「単示」に参じてほしい、と言っておられるのだと思います。

秋月龍珉先生の『一日一禅』に、「諦観法王法、法王法如是」と掲げてありますので、そこを読んでみます。

「世尊はある日、法座にのぼった。文殊が白槌をしていった。諦らかに法王の法を観ぜよ、法王の法は是くの如し。これは説法が終ったときの唱え言葉だ。まだ説法が始まらぬうちに、文殊は説法終了の合図をした。何のことか。そのとき、世尊はすーっと、そのまま座をくだった。ここで世尊の境涯を拝まねばならぬ」と。これが前半です。

そして後半、「筆者——秋月龍珉先生——は、生前ただ一度だけ青蛾室（関精拙老師）に逢ったことがある。ある陸軍病院の講堂であった。老師は壇上にあがって、『皆さんお国のためにご苦労じゃ。わしはもう老齢だから、長い話はご免をこうむる』とこうひとことといって、それで檀を降りた。そのなにげない平常の姿がまるでお能の名人の動きのようにみごとだった。これを道力というのであろうか。そのとき私は、『きょう禅を見た！』という思いを抱いた感激をいまに忘れ得ない。禅とは読むもの聞くものではない、見るものだという私の主張は、この時以来のものだ」。

このように、禅は見るものだというのです。禅を聞く会というのは、よくあちこちでやっていますね。それに先生は異を唱えているのですね。

しかし、聞くもの、真宗は聞くものでしょうね。それで思い出しましたが、真宗のかたの言うことは、同じ話を何遍聞いても、まるで初めて聞くような感じがするそうです。同じ話を何度でも、初めて聞くような氣持ちで聞くことができる、と言うのです。

「秋刀魚の味」という小津安二郎監督の映画について、内田樹さんが言っているのですが、何遍見たか覚えていないくらい、何遍も「秋刀魚の味」を見た。見るたびに、今まで氣づかなかったことを発見する、――氣づくという言い方をされています。真宗の人とは少し違いますね。何遍見たかわからないくらい見ても氣づかなかったことを、見るたびに氣づくというような言い方をしています。

それならば、私も少し見てみようと。映画ですから一時間半くらいなのでしょうから、内田さんの三分の一でも何か氣づくことがあったら、と思いまして。どんなことに内田さんは氣づいたのか、ちょっと見てみようと思っていました。

真宗の人は真宗の人で、聞くというところで、さっと何か氣づくのでしょう。内田さんはそういう仕方で、何遍見ても氣づかなかったことを、見るたびに氣づかされるといいます。それくらい、なかなか私たちの、父母が産み付けてくれた身体というのは、上等にできているのだと思うのですね。

ですから一つ、みなさんもどこから入ってもよいのです。そして、ここだと。こういう長い説法はたまらん、もっと簡単に入れる道はないか。それなら、墨跡でもよいのです。そこから入っていただいたら、同じところに出ることができる。出るには、どうしても全体像を掴むことが大事だと思います。そうすると便利だと思います。全体像というのは、公案が非常に手っ取り早くつかめます。公案体系を頭においていただければいいのです。では公案体系とはなにか。いつも言っていますが、三つですね。理致、機関、向上。この三つで全体を尽くすのですから、その三つを頭において、何か一つの公案に参じていただくと、これが新しいものを発見する近道ではないかと思うのです。

その近道が見えるまでは、断崖絶壁なのです。私たちを近づけないのです。しかし、ある時、ある開けに出た。すると、一遍に今までバラバラだったものが一つになってしまう。これもわかる、これもわかると、一つになってしまう。そうしたときが完成だと思います。完成といっても、未完成の完成ですが。本当です、そういうときが必ず訪れる。

それを約束してくれるのが六祖慧能大師の禅です。本来無一物という。無一物になればいいのですから、無一物なら誰でもできますね。何かを獲得せよという、神秀上座の禅というのは修行のお手本です。一つ一つ身につけていきます。継続は力なり。それはそれで修行のあり方として大切ですが、六祖慧能禅師は、捨てろ捨てろ、という。

捨てることは、我々は決心次第で、できます。だけれども、それがまた難しいのですね。時節因縁があって、本当に捨て切れた時、そこで今までバラバラだったものが、パチパチと一氣に組み合わさる。あの公案もわかる、この公案もわかる、百則みんな一遍に解決してしまう。そういう時がくる。それが六祖慧能禅師のありがたいところだと思います。捨てればいい、捨て切ったときに、それが訪れるということであります。

「いまだ未分」から「すでに未分」へ

そして一つのことを言いますと、安心のつく説明をしてはいけません、とある方が言ってくれています。三聖病院、東福寺にありました、そこの先生です。素晴らしい先生でしたが、今はもうお亡くなりかどうか消息は分かりませんが、そこに通っていた患者さんが、私に教えてくれました。三聖病院の先生は、安心のつく説明をしてはいけませんと、こう言っていますと。どうして安心のつく説明をしてはいけないのか。これも幾通りも言えますね。安心がつく説明をすると、ああ、これで安心したと、そこに尻を据えてしまう危険性があるわけですね。そして、もういいや、となる恐れがあるのですね。

本当のことには、言葉をつける余地がありません、とその先生は常に言っていたのだそうです。言葉をつけるとは、著語ですね、碧巌録で言えば。圜悟禅師の著語、下語。その著語など付けようにも付けられないのだというのです。なぜならば、一分の隙もないから。言葉など付けようとしても、そんな隙間はないというのですね。私はそのように先生の言葉を理解しています。

そうしますと、これはやはりすごいことですね。四方八方に目を配って、一分の隙もないという言葉があります。一分の隙もないというのは、堅く閉ざしているということではなく、見るところを見尽くして、しかも何ものも寄せつけない。これが本当の事実なのではないか。本当のことには言葉を差し込む空隙が、これっぽっちもないということだと思います。不立文字に立っています。言葉はいらない。本当の世界には言葉はいらないのだ。そういう不立文字を掲げて、雪竇は頌を作っているのですね。

ですから、頌は見ものですし、垂示を書いた圜悟禅師は精緻な頭脳を持っているお方です。その人が時々、評唱の中で投げ出してしまいますね。こうこうだ、と自分で言っておきながら、駄目だ駄目だと、自分でいう。あれだけ精緻な頭を持っている人でも、投げ出さざるを得ない。駄目だ駄目だと、自分で自分の言ったことを否定せざるを得ない。

それが、私は赤子の智慧でない、大人の智慧だと思うのです。「いまだ未分」というのが赤子の智慧でしたね。まだ分かれていない。これが赤子の智慧でした。これは六祖慧能のところですね。それに対して神秀上座は、「すでに未分」というところの智慧だと思います。分かれてしまったところにある智慧。

ですからこれは、神秀上座の世界ですが、それでいいと思います。その智慧をどう生かして使っていくかが、もう一つの大事になると思います。そして白隠さんは、「すでに未分の智慧」を、般若と名づけて説いている。それを盤珪さんは不生の仏心として説いています。言葉は違いますが、実態は同じです。同じことを違う言葉で表しているだけだと思います。正受老人はそれを何と表しているか。

「すでに未分」という非常に限られたところ、ある意味で限られたところですが、それを承知で、もう一展開して、自分の全てをそれに託しているわけです。みなさんもそれぞれ得たものを、「すでに未分」という大人の智慧を大事にしていただきたい。それをどう、もう一つ展開して転じていけるか。白隠さんが般若と名づけ、盤珪さんが不生の仏心と名づけたところと、寸分変わらぬところへ持っていけるか。

持っていけるはずです。だから楽しいのです。みなさんが一人残らずできるから楽しいのです。そう思って、大いに工夫して生きていただきたいと思います。そうすると、百花花開く。爛漫と花開く、賑やかな世界が訪れるのではないかと思えてなりません。なにか一つでよいのです。そこでぐっとつかんで変わっていただきたい。窮変通です。そう願っております。

相似禅をこえて——第九三則「大光師作舞」

【本則】挙《こ》す。僧、大光《たいこう》に問う、「長慶道《いわ》く、斎に因って慶讃す、と。意旨如何」。大光、舞を作《な》す。僧、礼拝《らいはい》す。光云く、「箇《こ》の什麼《なに》を見てか、便ち礼拝する」。僧、舞を作す。光云く、「這《こ》の野狐精《やこぜい》」。

【頌】前の箭《や》は猶《な》お軽きも後《のち》の箭《や》は深し、誰か云う黄葉は是れ黄金と。曹渓《そうけい》の波浪如《も》し相似たらば、限り無き平人は陸沈せられん。

「この野狐精め」

九三則は垂示が欠けております。本則を読んで、頌を見ていきたいと思います。

「挙《こ》す。僧、大光《たいこう》に問う、長慶道《いわ》く、斎に因って慶讃す、と。意旨如何」。ある修行僧が大光禅師に問いました。長慶禅師は、「斎に因って」ということは、お斎《とき》をもって、喜んで唱えているといいますが、その心の中にはどんなことがあるのでしょうか。

こう尋ねると、「大光、舞を作《な》す」。舞を舞って答えた。言葉では答えずに、舞を舞って答えます。それを見て質問した僧は「僧、礼拝す」。さっと丁寧なお辞儀をするのです。

すると「光云く、箇《こ》の什麼《なに》を見てか、便ち礼拝する」。おまえさんはいったい何を、わしの舞いに見て礼拝したのか。そう尋ねると、「僧、舞を作す」。僧は今度は大光和尚と同じ仕草をして答えます。

すると大光和尚は「光云く、這《こ》の野狐精《やこぜい》」。この偽物めが、と決めつけたのですね。なぜに、この大光和尚の言葉になったのか。偽物め、と判断した所以はどこにあるのか。

そして、この碧巌百則のうちの一つに、この則を選んだ雪竇禅師のお心はどこにあるのか。その雪竇禅師のお心が頌にあらわれています。

頌を読みましょう。

「前の箭《や》は猶《な》お軽きも後《のち》の箭《や》は深し」、前の矢というのは何でしょうか。矢が二本出てきますが、「箇《こ》の什麼《なに》を見てか、便ち礼拝する」が前の矢だと思います。軽いと言われた方です。ここでは何とも決めつけていませんが、聞く者にとっては、ぐさりとくるものではあります。後の矢は深く質問者の肺腑を射抜いていますね。それは「這《こ》の野狐精《やこぜい》」ですね。

朝比奈宗源老師の提唱本では、別のことを指しているようですね。大事なのは、「舞を作《な》す」ことが一つの答えになっていることです。朝比奈老師の提唱では、大光が舞をなしたことが答えになっている。それを見て、僧は礼拝した。そうしたら、これは何も悪いことはありませんね。

ところが、大光和尚は、僧が礼拝したにもかかわらず、それを許していません。そして探りを入れます。「箇《こ》の什麼《なに》を見てか、便ち礼拝する」。拶所《さっしょ》といいます。「挨拶」といいますが、「挨」は軽く触れる、「拶」は深く触れるという意味ですね。その深く触れるほうです。本当にわかっているか、深く突っ込むのです。すると、「僧、舞を作《な》す」。僧は舞を舞った。すると、「光云く、這《こ》の野狐精《やこぜい》」。

朝比奈宗源老師は伝統の祖師のお一人です。同じく伝統の祖師のお一人である山田無文老師は、「這の野狐精」が言いたいことだといいます。それも含んでおいてください。答えというのは、いかようにもなる、ということです。それでいいと思います。百人いたら百通りの答えがあっていい。しかし、それが答えと言えるためには、頌というものがまさにそうであるように、そこに宗旨がなくてはなりません。根本の旨です。何の根本か。人間の根本、真実がそこに表れていなくてはならないのです。なんぼあっても構わないけれども、です。

そして「誰か云う黄葉は是れ黄金と」。黄色い葉っぱは黄金だと、いったい誰が言うのか。これは故事があります。葉っぱを黄金だといって、赤子が泣いているのを止めたと。赤子の注意をそらしたわけです。こんなのはたいしたことはないと思うかもしれませんが、そういうこともあるのだ。

「曹渓《そうけい》の波浪如《も》し相似たらば」。曹渓とは、六祖慧能禅師が起こした禅の流れですね。六祖慧能大師が「本来無一物、いずれの処にか塵埃を惹かん」と起こした波浪が、「相似たらば」、お互いに似てしまったならば、――六祖慧能下にたくさんの素晴らしい禅僧が出ましたが、その人たちの答えが一本化してしまったら、そうしたら「限り無き平人は陸沈せられん」。無数にいる人、普通の人間は、陸に上ったまま、大地に足をおいたままで、――「脚、実地を踏む」という大切な禅語がありますが、足は大地を踏みしめながら、大海に放り出されているようなものだ。
ここはどのようにご覧いただけるでしょうか。

「斎に因って慶讃す」――三人の和尚

伝統の祖師のお一人である無文老師が、どのようにここを解説しているか、見てみたいと思います。

ある僧が「長慶道《いわ》く、斎に因って慶讃す、と。意旨如何」と、大光居誨《たいこうこかい》禅師にお尋ねしますと、「第七四則に金牛飯櫃という則がある。金牛和尚――馬祖禅師のお弟子さんです――は、お昼になると、飯櫃を持って僧堂の前で踊ったという。変わった和尚で、典座を自分が引き受けて、昼食を炊いて、出来上がると飯櫃に入れて、それを引っさげて僧堂の前へ来て、菩薩子喫飯来、さあみんな、飯ができた、食え食えと言って踊ったという、変わった和尚である。そのことについて、長慶慧稜和尚にある僧が尋ねた。その返事は、斎に因って慶讃するに大いに似たり。お斎に呼ばれてお祝いをしているようなものだ。こう長慶は答えたということであるが、意旨如何」。
「意旨如何」。その心の奥にある宗旨は、本心は、いったいどういうことなのか。「長慶の腹はいかがでござるか。長慶よりも金牛が問題のはずである」。これは無文老師のお考えです。

「金牛和尚は毎日、飯櫃を下げて僧堂の前で、菩薩子喫飯来、といって一人で踊っておったということである。こういう境涯はどうであろうか。一見、まことに氣狂いじみた話である」。この後に別の違うことを言っていますが、こういう脱線をできるところが無文老師の強みだと思います。

どういうことを言っているかというと、「モナリザの名画展覧があったときのことだが、二十日の間に百五十万人の人が見に行ったということである。時間に割り当ててみると、一人あたり一秒間でモナリザが見えたかどうか。いかがですか、と新聞記者が聞いたら、写真の通りでしたと、ある人が答えたそうだ。それなら写真を見ておればいい。まあそんなものであろう。世界の名画と言われるモナリザの微笑、永遠の微笑、その微笑はどこから出てくるか。ゲラゲラ呵呵大笑するのではなく、心の奥底で笑っておる。どういう苦しみの最中でも、どういう疲れ果てたときでも、あらゆる客観の世界の圧迫の中におっても、微笑んでいられる。こういうものがなければならんはずだ。

以前に福井に大地震があったときのことである。道端に倒れている人がいる。ある外国人が介抱しようと思って、傍らへ寄って顔を覗いたら、倒れておる日本人がニコッと笑った。日本人はわからん。地震で倒れて死ぬか生きるかのときなのに笑っておる。ジャパニーズスマイルだ。そういうものが日本人には何かある。どんな悲しいときでも、どんなに苦しく不遇のときでも微笑んでおられる」。

そして、これを無文老師は何と言っているかです。無文老師は「般若の智慧」だと持ってきています。「生まれたでもない、死ぬでもない。汚れもせん、きれいにもならん。増えもせん、減りもせん、嬉しくもなければ悲しくもない。損もない得もない、勝つもなければ負けるもない。この激動の世の中を見て、にっこり笑っておられるのは、そういう般若の智慧であろう」。

不生・不滅・不垢・不浄・不増・不減という言葉がありますね。そこから般若の智慧へ持っていったのでしょう。ですから、決して独断ではないのです。「そういうものが東洋の微笑みかもしれぬ」。こう、ぼかしておられますが。

我々がすでに知っていることで、新しいことはないのですが、知っていることを、無文老師がここで話しているように、我々が話せるかと言ったら話せませんね。ここにやはり、無文老師がいかに法というものをこなしているか、身につけているか、自家薬籠中のものにしているかということが思われてなりません。

「自ずから手が動き、自ずから足が動いてじっとしておれん。小躍りせずにはおれん。そういう喜びがなければならん。人生に喜びを感じないような宗教はないはずだ。今日の新興宗教というものは、極めて浅薄なものであろうが、教えておるものは喜びを感じ、信者は今日生きていることに喜びを感じて御利益を信じ、毎日の生活をもったいない、ありがたいと感謝しておる」。これを甘く見てはいけないわけです。

「新興宗教が広がっていくのは、その喜びが広がっていくのだ。ところが今日のお寺は一つも喜びを与えない。どこのお寺へ行ってみても、喜びなんていうものはどこにもない。家中が揃って喜んで、お昼のご飯がいただける。家中が揃って朝のご飯がいただける。そういう喜びをせめてお寺は与えていかなくてはならんはずだ。喜びのない宗教などは、死物だ。そんなものが流行るはずがない」。

「金牛和尚、お昼飯時ごとに、飯櫃下げて、菩薩子喫飯来、さあ昼飯だ、食べなされ、食べなされと、自分が法悦至極だ」。自分が喜びでいっぱいだというのですね。「みなも本当に見性したら、わしのように嬉しくなるぞ。早うみな嬉しくなれ。そう言って金牛和尚は踊ったというのである」。こういう解釈を持ってきているのですね。

「阿波の徳島に行ったら、歓迎の意味であるのか、阿波おどりというのを見せてくれた。手と足を動かすだけだ。嬉しそうな顔は一つもせん。みんなすまして踊っておる。あれを踊っているうちに、微笑みも感じるのだろう。自分の体も忘れて無心に踊っているうちに、そこに法悦というものが湧いてくるのだ。昔の念仏踊りの変化したものだというが、みなが一心に念仏を唱えておるうちに、自然に踊りだしてくる。その踊っておる間が法悦だ。踊っておる間が仏の世界だ」。

　金牛和尚は飯櫃下げて、菩薩子喫飯来、と踊った。あれはいったいどういう氣持でしょうか、と長慶和尚にある僧が尋ねたら、「斎に因って慶讃するに大いに似たり。お斎を呼ばれることによって仏法の法悦を表しておる。仏法を聞かせてもらったお祭りをしておる。仏法の喜びを表しておるのだ」、と長慶は答えたということですが、長慶の腹はいったいどこにあるでしょうか。金牛と全く同じ腹でしょうか、どうでしょうか。僧がそう尋ねたら、「尋ねられた大光がまた踊りだした。大光が金牛和尚と同じ氣持ちになった。長慶が金牛と同じ氣持ちになったように、大光もまた長慶の、斎に因って慶讃するに大いに似たり、という言葉と、同じ氣持ちになった。そういうものがなければならん。宗教の世界にはそういう相通ずるものがなければならん」。

　すると、そこで僧が恐れ入りました、よくわかりました、ありがとうございました、と三拝をした。「すると大光和尚が、箇《こ》の什麼《なに》を見てか、便ち礼拝する。おまえ、わかったのか。なにがありがたくて拝むのか」。これが拶所ですね。深く触れるというところです。「この僧がまた踊りだした。連鎖反応だ。私もこの通りでございます、とこの僧がまた踊りだした。阿波おどりは、踊っておるところへ見物人が入って一緒に踊りおる。それと同じことだ。すると大光が僧を叱って言われた」。

いいようなものなのに、ここでは叱るのですね。「這《こ》の野狐精《やこぜい》」。「この偽物めが。この子狸めが。ものまねは駄目だわい。化けたつもりでもしっぽが出ておるぞ。こういって大光から叱られたという因縁である」。

これは無文老師の解釈です。無文老師からはこういう解釈が出てくるのですね。ここを、私たちは味わわなくてはなりません。

二本の箭――相似禅批判

もう一度、本則の原文に戻りましょう。「挙す。僧、大光に問う、長慶道《いわ》く、斎に因って慶讃す、と。意旨如何。大光、舞を作《な》す。僧、礼拝す。光云く、箇《こ》の什麽《なに》を見てか、便ち礼拝する。僧、舞を作《な》す。光云く、這《こ》の野狐精《やこぜい》」。たったこれだけのことを、縷々と述べてきましたけれども、無文老師が読むと、そういうふうに取れるというわけですね。これを腹に収めて、頌を見ていただきたいと思います。

「前の箭《や》は猶《な》お軽きも後《のち》の箭《や》は深し」、これは先ほども言いましたが、意見が分かれるようです。百人いれば百人の意見に分かれても一向にかまわないと思います。

「誰か云う黄葉は是れ黄金と」。ここは故事来歴がありますので、手元にある無文老師の提唱を通して見てみたいと思います。

「大光和尚に向かって僧が、長慶道く、斎に因って慶讃す、と。意旨如何、と尋ねたときに、大光は踊りを踊ってみせた。これが前の箭であろう。この踊りを踊ってみせたところは、まだ穏やかである。相手を傷つけてはおらん。しかし、僧が礼拝をするから、箇の什麼を見てか、便ち礼拝する、と言ったら僧が踊ってみせた。ここで大光が、這の野狐精、といわれた。この言葉は深く相手の胸に刺さっているであろう。

誰か云う黄葉は是れ黄金と。これは涅槃経、嬰児行品にある黄葉止啼という話である。子どもが泣くときに親が紅葉の葉か、銀杏の葉か、黄色い葉を子どもに与えて、これが金のお金だよ、となだめると、泣いておった子どもが泣き止む。ちょうどそのように、釈尊の一代のご説法は、泣く子をあやすための言葉である。言葉そのものには真理はない」。

不立文字のところですね。

「言葉そのものは、紅葉や銀杏の葉のようなものだ。しかし相手が泣き止めば、それで十分役に立つはずである。相手が泣くのを止めるための紅葉の葉である。紅葉そのものに価値はないが、相手の迷いを取り、相手の苦しみを取ることにおいて、紅葉は値打ちがあるのである。金牛が踊ったのも、大光が踊ったのも、相手の迷いを取ることにおいて、黄金の値打ちはあるはずだ。しかし踊りそのものに値打ちがあるはずはない。その踊りそのものだけを真似して僧が踊っても、それは何の価値もない。相手の悩みを取り、相手の迷いを去ることにおいて、紅葉も黄金の値打ちがある。涅槃経の中に示されておるではないか」。涅槃経の中にこういう話があるというのは、私は初めて知りました。ともかく、ここまで掘り下げることができるわけですね。

「曹渓の波浪如し相似たらば。そういう形式だけ、言葉だけを真似て、それを六祖一流の禅などと思っておったならば、大変な間違いだ。形式だけ覚えて、形だけ覚えるならば、いわゆる相似禅だ。この公案はこう答えたら通る、この公案はこう言ったら許してくれると、型ばかり覚えてみたって、何の悟りにもならん。銀杏の葉を黄金だぞ、といって弟子に伝えるようなものだ。師匠から型を覚え、その型をまた弟子に教えていくような公案禅だ」。

「限り無き平人は陸沈せられん。海の中で波にさらわれて沈むのは当たり前のことである。海でもない平地にいる人が、精神的に偽物の波にさらわれて、みんな沈没してしまうようなことになるであろう。相似禅ではいかん。型を覚え、それが悟りだなどと思うたら、永久に人を騙すものであり、人を迷わすものであろう」と言っております。

権実と照用

いま、この碧巖録の読み方が研究されています。ある人が言っていますが、評唱を最初に読むのが一番いい読み方だそうです。これは私もそう思います。予備知識を付けて、その知識に基づいて読んだら一層読みやすいと思うのです。そこで、その評唱を読みたいと思います。頌の評唱です。無文老師の提唱によりますが。

「大光和尚が舞を舞ったところ、そこが前の箭である。僧が舞を舞って、這の野狐精、と叱られたところが、後の箭である。前の箭はそれほどでもなかったが、後の箭は相手の胸にしっかり刺さったぞと。こういう働きのあるのは、達磨大師以来、的的相承の宗乗でなければならん。活殺自在、相手を殺すか活かすか、自由自在の働きがなければならん。型では相手を殺す力はない。殺す力がないようなものは、相手を活かす力はない。室内で型のやり取りをしておったのでは、雲水を活かすこともできなければ殺すこともできん」。「誰か云う黄葉は是れ黄金と」。「涅槃経の中にそう示しているのであるが、昔、仰山和尚も衆に示して言われておる」。潙仰宗の開山のお一人、仰山和尚ですね。「汝等諸人、各自に回向返照せよ」。「みな一つ自分の内心に向かって光を発見せよ。外ばかり見ておってはいかん。その外の光を内側へ向けてみよ。その内側の光を発見させるために、わしはいるのである。子供の泣くのを止めるのに紅葉を与えるようなもので、わしの言う言葉はめいめいが自分の心の中をさぐってみてわかるのであって、言葉そのものに意味はないのだ」。「吾が言を記することなかれ」。「だからわしの言った言葉だけを暗記してはいかん。わしの言った言葉によって、自分の心の中を探ってみなさい」。「汝等は無始劫来《むしごうらい》、明に背《そむ》いて暗に投じ」。「みな仏性に背いて妄想煩悩の中に落ち込んでおるのだ。本来持っておる如来の智慧をくらまして、妄想執着の雲の中に落ちておるから、悟りが開けんのである」。「妄想の根深くして、卒《つい》に頓《にわか》には抜き難し」。「その妄想執着の根が深いために、なかなかなくならんのである。その妄想を取ってやろうとしてもなかなか取れんのである」。「所以《ゆえ》に仮《かり》に方便を設けて、汝の麤識《そしき》を奪う」。「麤識は妄想だ。ただ坐禅せよ。回向返照して、外を見ずに坐禅して内側を見ておれといっても、なかなか妄想執着を断つことはできんから、仮に方便を設けるのである。趙州の無をみてこい。これが方便である。この方便によってあらゆる妄想執着を奪ってやるのだ」。「黄葉を将《もち》て小児の啼《な》くを止《や》むるが如し」。「ちょうど泣く子を黙らせるために、銀杏の葉をやって、これが黄金だと言うのと同じことだ。無そのものに値打ちがあるのではない。銘々の煩悩妄想を断ち切る方便なのである」。だから公案に価値があるのではないといっているのですね。公案はあくまで手段。公案を通して何を得られるかが問題だというのです。

「わかってしまえば無も言わん」と。わかってしまえば、方便に使った無も必要ないはずだ。「いつまでも無に尻を据えておると、我もなければ世界もない。なにもない。虚無主義だ。さらに大きな迷いに入ることになる。こう仰山和尚も言われておる。苦瓜《にがうり》は子供はよう食べん。よう食べんやつに、苦い瓜を食べさせるのだ。薬は苦いといって子供は嫌がるが、その薬にジュースを混ぜて飲ませるようなものだ。砂糖を付け、蜜をつけて飲ませるようなものだ。全て方便だ。相手が泣くことが止まれば、紅葉に用はない。紅葉は金そのものではない。お釈迦さまの一代の説法も、相手の泣くのを止めるための言葉であって、言葉そのものに意味はない。大光が踊ったのも、相手の泣くのを止めるための方便であって、踊るのが禅ではない。その型を覚えて、型が禅のごとくに思ったら大変な間違いである。大光和尚が、這の野狐精、といわれたのも、相手が囚われている観念を奪うためである。大光和尚が踊りを踊ってみせたのも、這の野狐精、といったのも、その働きには権実《ごんじつ》がある」。

仮の方便と真実の両方が入っているのだ、というのでしょうか。「相手の泣くのを止めるための方便か、真実の言葉か、そこに権実がある。相手の腹の中を見抜いて、相手に応じた働きが底から出てこなければならん。またそこに照用《しょうゆう》がある。相手によって働きが違ってこなければならん。同じ言葉でもそこに権実があり、照用がある。その働きの中に禅僧の真骨頂がある。真面目《しんめんもく》がそこにある。ただ意味なしに踊ったのではない。意味なしに、這の野狐精、と言ったのではない。相手に応じ、その時その時、その場その場の働きが自然に出てくるのである。その権実の働き、照用の力、そこに衲僧の真面目がはっきりと会得できるならば、空を飛ぶことのできん虎に、翼の生えたようなものだ。鬼に金棒だ。ますます自由自在な働きがそこから出てくるであろう」と。

「もし世の衲僧たちが、大光和尚が舞を舞ったからといって、みんなが真似をして型を覚え、その型を真理のごとくに伝えていくならば、無数の人々が全てごまかされ、騙されてしまうであろう。しゃべってはいかん、動いてはいかん、見てはいかん、黙っておれと、これが禅ならば天下の平和な健康な人々を全て迷わせ、融通のない働きのない人間にしてしまうことであろう。これでは救われんではないか。たとえ公案を拈提《ねんてい》しなくても、提唱をしなくても、真の道人ならば道を歩いている姿を見ただけで、人が救われなくては嘘だ」。

これは大切なことですね。これができた人が無文老師ですね。私たちはそれができないのです。「顔を見ただけでも、悩みのある者の悩みが取れなくては嘘だ。室内にいるときには大法があるが、室内から外に出たらただの凡夫であるならば、そういうのを相似禅というのである。そういう命のない、活力のない坐禅をいくら広めてみても、何の役にも立たん。こう雪竇禅師が叱っておるのだと、圜悟禅師が評唱しておられるのである」。このように無文老師は解釈しておられるのですね。いかがでしょうか。

「大光師作舞」を碧巌百則の中の一つに選んだのはなぜか、ということに関して、無文老師はこの九三則の提唱の中で言っております。「光云く、這の野狐精」。この一言を言いたくて、これを選んだのだ、と断定しています。

それを頌に謳いあげているのが、「前の箭《や》は猶《な》お軽きも後《のち》の箭は深し、誰か云う黄葉は是れ黄金と。曹渓《そうけい》の波浪如《も》し相似たらば、限り無き平人は陸沈せられん」。ここでその宗旨を謳っているのだ、というのですね。

書と禅をめぐって

もう一つ、禅門に五位というものがあるのですが、「書道と禅」ということをテーマに掲げて、大森曹玄老師の法を継がれた寺山旦中さん、ここでは「葛常」という本名で書いておりますが、そこを少し違う視点から見てみたいと思います。

その「はしがき」から読んでみます。これはお経のように一言一句飛ばさないで読まないと、値打ちがないと思います。それくらいのことを寺山先生は書いてくれております。

寺山先生には私もお会いしたことがありますが、とにかく話を聞いていて面白いのですよ。本当によくこなしているな、と舌を巻くような方です。もうお亡くなりになりましたが。

「芸術は」と書き出しております。書道ですから芸術ですね。「芸術と禅」としてもいいわけです。その芸術の代表に書道を出しているのです。「芸術は創造なるが故に、個性的であるため、その価値評価が主観の弊に陥り易い」。主観の方へ行ってしまって、客観性が乏しいといいます。

「書道もその例にもれず、学書者の鑑賞眼が曖昧模糊のため、その目標が定まらず、従ってせっかく書道を志しても、その一生が徒労に帰する場合が少なくない。書の真価が那辺に存し、その品位はどうか。その向上門をどう学んで行ったらよいかは、学書者の等しく欲するところと思うが、私は寡聞にして、書家に確たるこの指針あるを知らない」。

しかし、指針にするのに格好のものが実はあるというのです。それが五位という禅門の法財です。五つの位ですから、立場ですね。五つの立場です。真実というのは無数にあるでしょうから、諸法実相といいますから、無数にある。そう言うと、最初からお手上げしたくなります。そこでだんだん縮めていくと、「八正道」という言葉があります。しかし、八つでも大変ですね。これを見ただけでは意欲は起きない。そこで「六波羅蜜」と六つになります。二つ減っただけでも、だいぶ楽になります。しかし、それでも多いという。そこで三つにまとめてくれます。それが「戒・定・慧」の三学というものです。こうすると、なんとか行けるぞ、となるのです。まったく煩悩無尽ですね。

「しかし幸に、禅家に五位なるものがあり、これが方便としてとは云え、禅者の修行体験を五段階に説示しているので、今はこれを借りこれを中心にして、以上の問題を考察してみたいと思う」。

「書道も禅も、無相の自己の千変万化の具体的な働きであり」、——諸法実相と見るというのは、全世界を諸法実相としてみるのですから、無数ですね。「同じく、象徴の世界であり、その学道は共に真理の追究という人間の道にほかならないと信ずるからである。真理は個人的なものではなく、普遍妥当性をもたねばならぬはずだからである」。

書の品位——墨氣について

そこで、今回はこの書道の品位というところを考えてみたいと、寺山さんは言うのですね。

「書の品位とは、書の美の品位であることは云うまでもない」。品位は美だというのですね。芸術ですから、どうしても美ということがくるのでしょうね。

「美とはハーバード・リードによれば、『五感が知覚する形式上の諸関係の統一』であり、それは我々に『快感を与えるもの』と云う。またテオドール・リップスの感情移入美学を学んだ阿部次郎は、美とは、物の観照に即して我等が感ずる『生の肯定』であり、それは生を積極的にするものであるという。

しかしそれでは、欲望的自己そのものの生の肯定にもとられるので、さらに、自性即ち本心を満足させるもの、とでもいえばよりよい言い方であろう。本心とは、生まれる以前からもっている心であり、永遠なるいのちである」。

ここが、六祖慧能禅師の禅につながっていくわけです。「本心は本心に触れた時にこそ、その共鳴となり、満足するものである。では永遠なるいのちとは、書の場合、どこにどう表現されるか。これが書の品位の鑑賞の大本である」。「それは一口で云えば、『墨氣の生きた』ところと云えるのである」。墨氣というものを出していいます。墨の氣ですね。「先師横山天啓翁は、墨氣の生きたところが手紙の書に表れるを以て、書道の見性とされた」。普段の手紙に一番現れるというのですね。手紙に墨氣を見ればいいと、横山天啓先生はおっしゃったのですね。

「墨氣とは墨の氣であり、氣とは合氣道の藤平光一先生もおっしゃるように、万物の根源であるから、それはいのちの根源と言ってもよいものであろう。ゆえに、生きた墨氣とは、万物の根源であるその氣で生かされた墨であるから、ありきたりに言えば、氣韻生動とか、いい溌墨ということである」。墨が生き生きと躍っているということでしょうね。

「ところがこれの見方に客観性がないと一蹴されがちなのである」。どう客観性をもたせるかです。「しかしそれは、見方の勉強のほうが足りぬと言わなければならない。作品には余すところなく作者がそのまま具体的に露呈されているのである。いま、同じ筆で同じ墨で、同じ紙に書いても、よく観れば書者により、墨色がみな違うことに氣づくのである。写真の無の字がそれである」。

写真が三点出ています。「向かって右側の無の字が最も墨色が濃く、そのつやもよい。尤も形もよければ、全体の充実感も強い。左が一番、墨色が映えず、形も悪ければ線も弱い」というのですね。「これはなぜか。この起筆の部分を拡大してみると、一層はっきりするのである」。そこを拡大した写真がありますね。

「現物の約五倍である。さらにこれを電子顕微鏡にかけてみよう。これは東京医科歯科大学第三内科研究室の藤野英明氏の協力のもとに行ったものである。電子顕微鏡の視野は極めて微細のものであるから、三者の差は中々摑みにくいが、各々の作品の中に、次の写真のような粒子の配列状態を多く発見したのである。実物の約一万倍である。これを見ると墨色の良し悪しは、墨汁の粒子の配列状態に起因しているようである。いい墨色のものは墨汁の粒子それ自体も充実していて、その粒子の生かされた構造のように思える。その構造とは、いのちの法則とでも言うべき、自由であって、しかもある統一性をもった粒子の配列が立体的になされたもの、つまり、粒子が活性化された状態であると云えよう。これが生きた墨氣ということだと云ってよいと思う。線は点の連続だということは、こういう次元での点であり、しかもその点と点との間に風をも通ぜぬ消息のあることを知らなければならない」。

ここも大事なところだと思います。「このことは、細胞生成の際や、構造タンパク生成の際の機能構造論にもあてはまるし、硯石の研究や書論や刀剣の研究にも通ずるのである」。

「特に刀剣の研究の場合にはさらに立証的である。鉄の生き死にを判定した鑑賞眼の当否を、研師《とぎし》なら、研いで質を体感することもできるし、必要あれば実際に威力を試すことさえできるのである」。よく試し斬りなどといいますね。

「おのれのいのちを託する刀なら、折れず曲がらずよく斬れるものであり、しかも美しいものでありたい。ところが担雪老居士山田研斎先生（研師、中央刀剣会審査員）の研究（日木刀、日本刀の禅的鑑賞）によれば、用美は一致することが明らかにされているのである」。働きと美ですから、切れがいいものは美しいのだそうですね。切れのいい刀には、そこに美を見出すことができるのだそうです。それが芸術なのでしょうね。

「つまり実力を持った刀なら、形質は一致するものなのである」。刀としての値打ちがあるものは、必ずそこに美観がともなう。形は目に見えるものです。しかし質は目に見えないものですよね。目には見えないけれども、形の美しいものは質もいいのだ、と言い切るのです。研師の経験を通じて。

「事実、この刀剣の鑑賞より得た鑑賞眼は、そのまま書にも通用するものであることを私は令息、靖二郎氏（山田研斎先生のご子息）によって思い知って、あらためて刀剣の偉大さに頭が下がるのである。この研究にあたっても、刀剣が専門であり、とくに書をやられているわけではない氏に、啓発された点が少なくなかったのである」。詳しくは書いてありませんが、そういうことです。

書道の第一義――生きた墨氣と氣韻生動

「では、この生きものである生きた墨氣が、単なる墨汁を素材とし、筆を媒体とする書に、どうして表現されるのであろうか。ここに書道なる道が存する所以で、畢竟、書すものが書されるものだからであり、媒体する別物ではないからである」。書くものと書かれるものが一つになるからだ、というのですね。いわゆる三昧です。

「己を虚しうして、筆という媒体とも一体となるのである」。己を無にして、まず自分が使っている筆と一体になるのだ、というのですね。ですから公案と同じです。「無」というのは無と一体にならなければならない。だから朝から晩まで「無、無」と念じているわけですね。書の場合は、自分を無にして、筆と一体にならなくてはならないというのです。これはまさに、禅と同じですね。

「これが書法の第一義である」。そのうちに、紙とも一体にならなくてはならないのでしょうね。何者とも一体となって書いていく。これが書法、と言っていますね。中国の言い方です。日本では書道です。言葉が違うだけの違いが、中国の書と日本の書にはあるのだと思います。法ですから、非常に客観的ですね。法は、「さんずいに去る」と書く。水氣を去るので、サバサバしています。だから情をいれないところがあります。日本のほうは、道ですから、道は武士の情けなどといいますね。むしろ情を入れるのが道というところでしょうか。中国のほうが、冷たい感じがしますが、それだけに余計なものを寄せ付けないところがあるようです。

「だからこそ、書は書する人間性と、表現する技とが問われるのである。さきの無の字は、実は右は禅も罷参、入木道も免許皆伝の老居士であり、中は修行中の青年、左は現代の代表的学生なのである。これ等を参照して、書の場合は墨氣の生きるところが書美の源であり、それが質や形をなす基でもあるから、そこからが美の範疇であると云って差し支えなかろう」と言っています。

「しかし実際には、墨氣の生き死にの境涯に、明確に一画線の引ける例は稀である」。なかなか、そこらへんははっきりしないというのですね。「墨氣の生き死にと云っても、その生き方に深浅があるからである。大悟徹底して用筆法にも熟達すれば問題ないが、釈尊を始めとして大悟徹底したものは禅門にはいくらでもあるが、書法に通達したものとなると少ないであろう。では書法を極めるはずの書家はどうかといえば、大悟徹底者はまったくもって訝しいのである。顔真卿や懐素や、東坡や山谷等の人は、能書家として挙げられる中での数少ない大悟者であろうが、書家とは云えない。弘法や伝教や大燈や一休、白隠や大雅、慈雲や良寛にしてもそうであろう。このような謂わば、頓悟者で書法にも長けた人は問題ないとして、例えば鉄斎や梧竹の八十過ぎたものによいものがあるということは、どう見ればよいのであろうか」。

本当に見性した人の書にいいものがあるのはわかるけれども、それだけではないというのです。鉄斎や梧竹の八十歳過ぎのものにいいものがある。これはどのように見たらいいのか。

「それらは完全には生きた墨氣と云えないにしても、薄紙を剥ぐがごとく、日を重ねるにしたがって、だんだんそれに近づいていくという、いわば漸悟なるものと見て差し支えなかろう」。いわゆる、神秀上座の生き方ですね。それと見て間違いないだろうと。「しかもそういう人たちは、はじめから第一義だけではなく、書や絵が専門だけに、結体や章法等という知識や技術の鍛錬をも含めて、あらゆる角度から攻めていくので、墨氣が生きる時には作品として既に完成度が高いわけである」。いろいろな方法を講じていくわけですね。禅者は見性ただ一つでそこへ行くのだというのです。

「したがって生き方が浅いとは言え、それらも当然、その考察に含まれなければならないのである」。見性のほうが生き方が深いということになるのでしょうか。そうではないですね。ここの「生き方が浅い」は、墨氣の生き方がまだ十分ではないということです。墨氣だけの勝負ではなく、いろいろな方法を講じていく、そのうちの一つとして数えられるというのです。

ちなみに大悟徹底というのは、本来底、衆生本来仏なりという本来底ですから、我々一人一人が、生まれたときに持ち合わせてきているものだというところは大切です。そこを踏み誤ると、おかしなことになります。

「形や質や力量等、すべてを含んでいる墨氣が直ちに看破できれば、鑑賞は墨氣の一点だけで問題ないのである。しかしそれは名人芸であり、そうなれば、どの一点にも全てが含まれる道理で、形の一点でもよいわけである」。形のどこをとっても、それが見えなくてはならないというのです。

「学書者としてはどうしても墨氣を直視すると同時に、仮りに墨氣も美観の一部と見て、形、力量、洗錬度、深化等と分析総合して確かめ合う必要があるのである。墨氣は生きものであるから、その生き方に深浅もあれば、紙により、墨により、光により、古さにより、千変万化の様を呈するからである。ゆえにここでは、墨氣の生きたところというより、その前段階とも云える澄んだところを、便宜上第一関として見ていきたい」。

まず墨氣の澄んだところを、五つある関門のうちの第一関として取り上げるというのです。「墨氣が生きるとなると、自覚的なものであるから、大悟徹底と技の修錬を経ないと無理であるが、澄むというところは一心不乱の全力でも可能のところと思うのである。さすれば、漸悟者にも手が差し伸べられようというものである」。大悟徹底とはいかなくても、澄むというところは行けるのではないか、というのですね。

書と五位——書美の実践

「さて、以上のことを前提として、書の品位であるが、単なる西洋美学では私には実践的とならない。そこでフランス美学を学んだ阿部次郎美学を山岡重厚氏が検討され、さらに山田研斎先生が体験されたところのものを根本として、実際に稽古していく立場に立って見ていきたいと思う」。山岡重厚氏は軍人。刀を持って戦場を切り抜けたことがある人でしょうね。

「書の美的価値も当然、形と質にあるので、まず形より見た調和美より入るのが順序であろうが、調和美は心の調和ということに帰するし、造形の形と質は一致するものなので、ここでは主に、質に視点を当ててみていくことにする。書の質とは、線質のことである。まず第一段階は、墨氣の澄むところである。ここは全力のところ。全力ならば余念がないから線が澄むわけで、ここを清純美という。

そこをさらに技術をも錬っていくと、洗錬され明るくなっていく。それは暗中模索がなくなるからで、そこを明朗美という。そしてさらに詩嚢を肥やし、心技ともに錬っていくと、いろいろな条件にかなったときに自分でもびっくりするほどずば抜けたものができることがある。これは抜きん出た美しさであるから、ここを擢巧美《てきこう》という。墨氣の生きるところで、能品と言えるところである。そこをさらに千錬万鍛すると、これでよしという確信が持てるようになるから、ここのところは確信美といえる。見性の眼で自分の作品を見、他人の仕事も見られるから、どこがどういいのかがはっきりするわけである。真に墨氣の生きた、氣韻生動の躍動美は、ここのところになろう。妙品と云われる域である。

このようなところをさらに深めていくと、洒脱であって重厚な趣が出てくるから、ここは深玄美と云える。その上にさらに向上していくと、自然の本性にしたがって行動できるようになるから天然物と同じような神々しい美しさが出てくる。これは尊厳美と云っても、崇高美と云ってもよい。これは神品の域で、ここが真の芸術品である。絶品とか逸品とかは、境涯としては神品の域に入るが、それらはその道の専門家でないため、千錬万鍛を経ないから、鑑賞には適しても、そのまま手本には向かないものとみればよいであろう。多くの墨跡と言われるものがこれである」。こう述べられています。

ここで、いろいろな美の言葉が出てきました。調和美、清純美、明朗美、擢巧美、確信美、躍動美、深玄美、崇高美などなど。これらを、禅でいう五位にあてはめると、どのようにつながっていくか。五位という五つの段階では、どのように深まっていくのか、見ていただきたいと思います。禅の五位と芸術の深まりのありさまを、工夫して想像をたくましくしてイメージしていただきたいと思うのです。

文殊さんにしろ、普賢さんにしろ、観音さんにしろ、菩薩という方は在家の方です。ですから、本当に文殊の智慧といいますが、それはみなさんの智慧だと思います。今、現に持っている智慧を研ぎ澄ましていくと、文殊の智慧にぶつかると思うのです。それはみなさんのために用意された法財以外のなにものでもないと思うのです。坊さんのために用意されたものではないのです。大乗仏教の菩薩にある智慧ですから、まさに、主体はみなさんにあると思います。

坊さんがどうあれ、坊さんが本物であれ偽物であれ、放っておいたらよいのだと思います。坊さんの世界は坊さんの方でうまくやってください、われわれは文殊の智慧、観音さまの智慧でいい、と。それを突き詰めていきますと、大乗仏教の本当にありがたいところが現れてくると思います。

みなさんも多かれ少なかれ、問題が起き、苦労して関所を破って、一つの開けに出たところを深めていく、そうすると、観音さまの智慧と変わらない智慧にぶつかるということだと思います。

そう思ってひとつ、お互いに精進していきたいと思います。今日はこれまでとさせていただきます。

あとがき

碧巌シリーズの第七作目の題名として「炎」の一字を提案いただいた時、すぐ連想したのは「自然（自ずから然り・自ずから然る）」の二字熟語でした。

なぜか。自分でもよくわかりませんが、下の一字が「もえる」と読めるからでしょうか。火偏を加えた「燃」の一字を辞書で確かめますと、「火のように赤くかがやく、花が赤く咲き出す」とありました。

道流の皆さん。私たちは今、これまでになかった厳しい現実を生きています。古人もそう思って、それぞれの時代を生きて来たのだと想います。そして生きがいを見出して来たのだと思います。

私たちは世の中という現実を生きております。いま私たちに与えられている現実は、環境問題ひとつ取っても、まさに未曾有のものです。まともに考えれば考えるほど、私たちに未来はありえません。福島原発汚染水の海洋放出ひとつ取ってみても。

心経に、「真実不虚」の四字熟語があります。「真実あるところに虚しさはない」と。一言でいえば、どんな現実にあっても、生命あるかぎり燃えて生きられる。このことは、私たちの力だけでできることではありません。大自然の力が加わってはじめてできることです。そして同時にそれが、私たちの力でもあるのです。

この妙なる世界を、世尊も生きられ、祖師方も生きられ、大乗仏教に志す多くの人たちが生き、今ここで私たちの出番となったのです。何としても次世代につなげたいものです。私の語りかけの呼び水となってお相手くださった法話会の皆さんはじめ、このような稀有な場を与えてくださった春秋社の神田明社長、編集部の佐藤清靖氏、ならびにほかの皆さまに改めて心からの感謝を捧げます。

令和三年十一月三日

天徳山裡にて

木村太邦

木村太邦（きむら　たいほう）
昭和15年、東京生まれ。昭和38年、早稲田大学法学部卒。同年、商社に入社、10年間の営業生活を送る。昭和44年、真人会（秋月龍珉先生主宰）入会。昭和48年、山田無文老師について得度。同年、祥福僧堂に掛搭。無文老師、河野太通老師に参じる。平成7年、祥龍寺入山。平成16年、祥福寺入山。祥福僧堂師家、祥福寺住職を経て、令和元年、龍門寺入山。現在、龍門寺住職。

碧巌の炎
二〇二一年一二月二〇日　第一刷発行
著　者　木村太邦
発行者　神田　明
発行所　株式会社　春秋社
東京都千代田区外神田二―一八―六（〒一〇一―〇〇二一）
電話（〇三）三二五五―九六一一　振替〇〇一八〇―六―二四八六一
https://www.shunjusha.co.jp/
印刷所　萩原印刷株式会社
装　丁　本田　進
定価はカバー等に表示してあります。
 ISBN978-4-393-14439-8